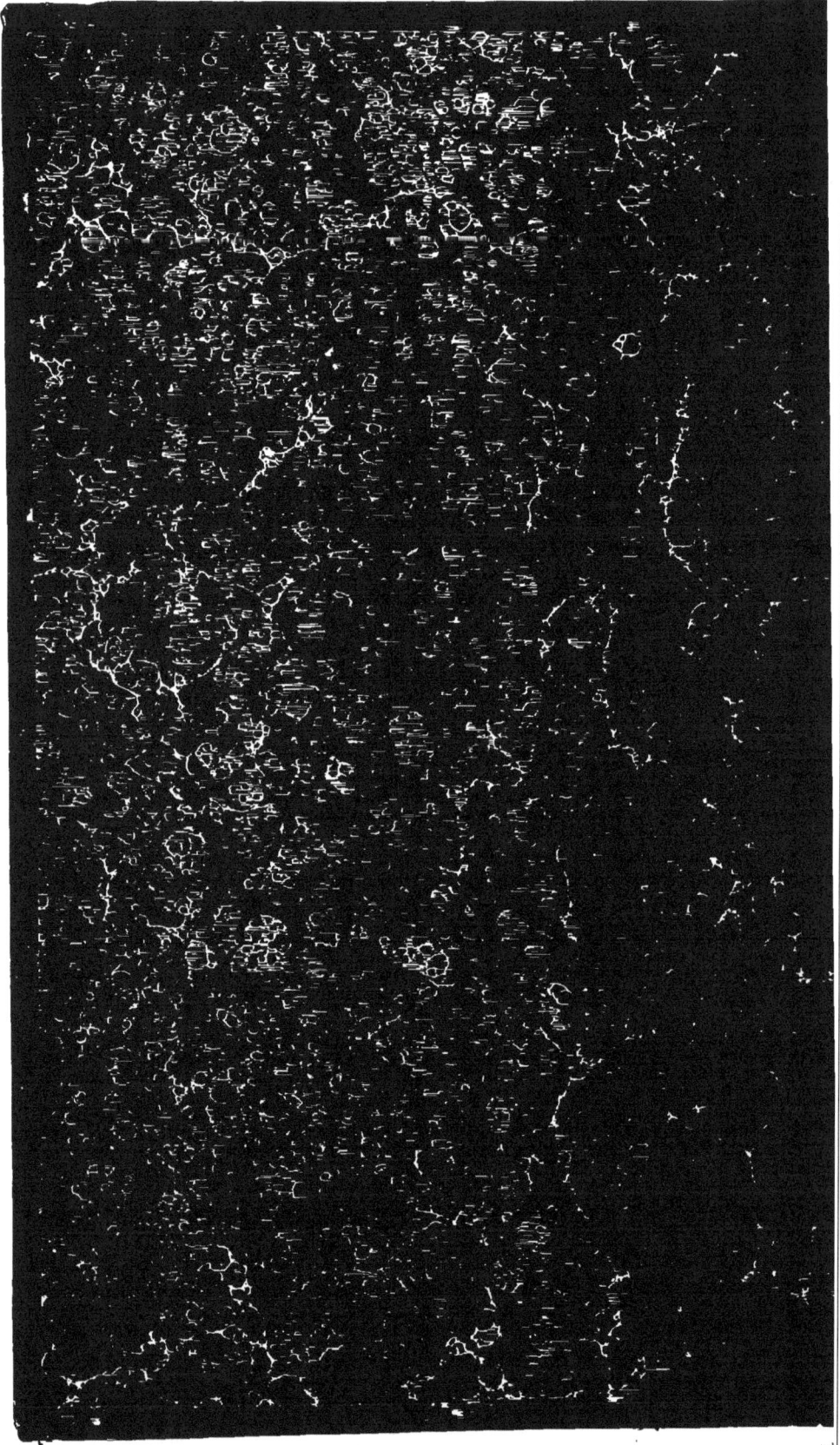

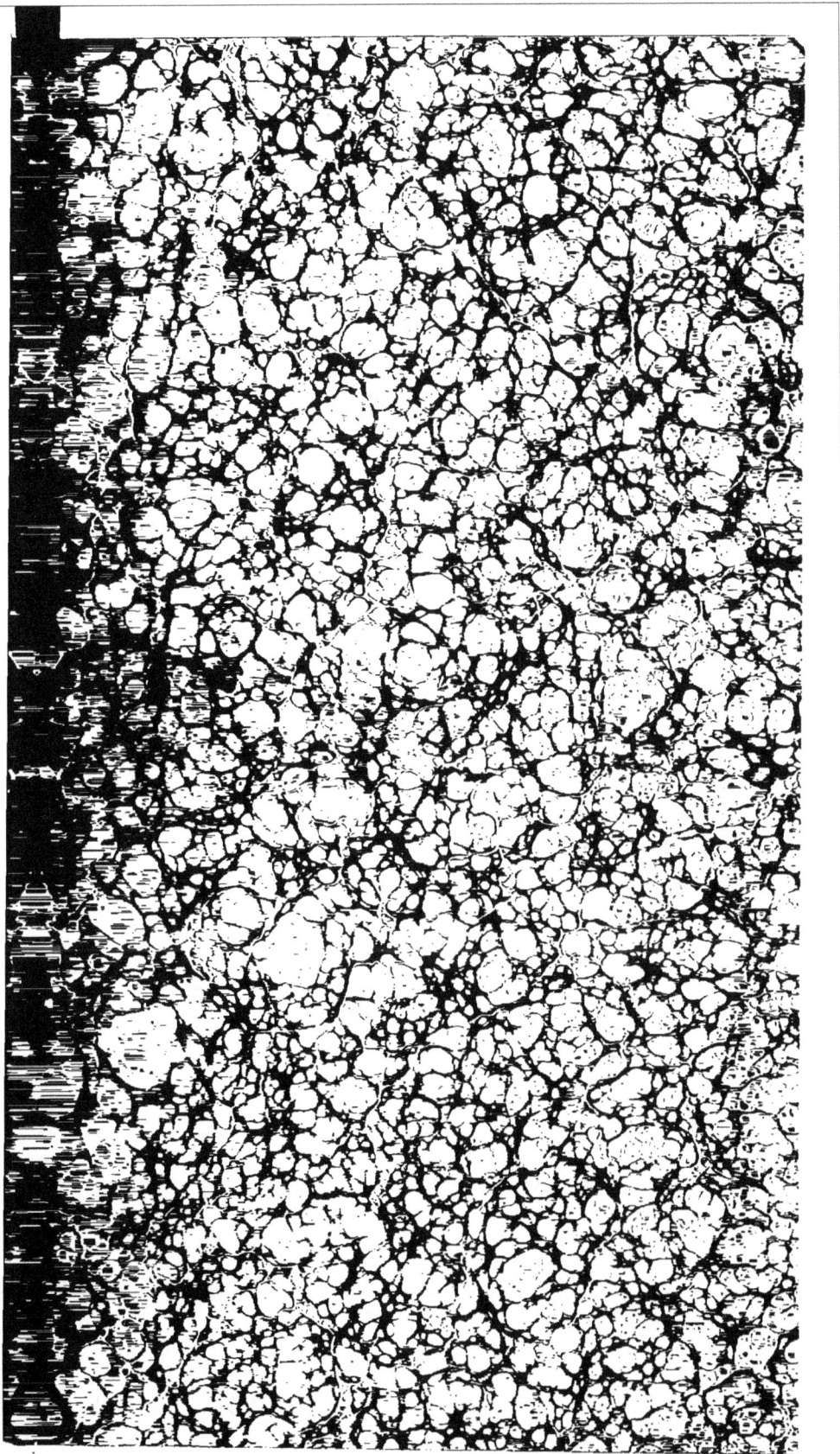

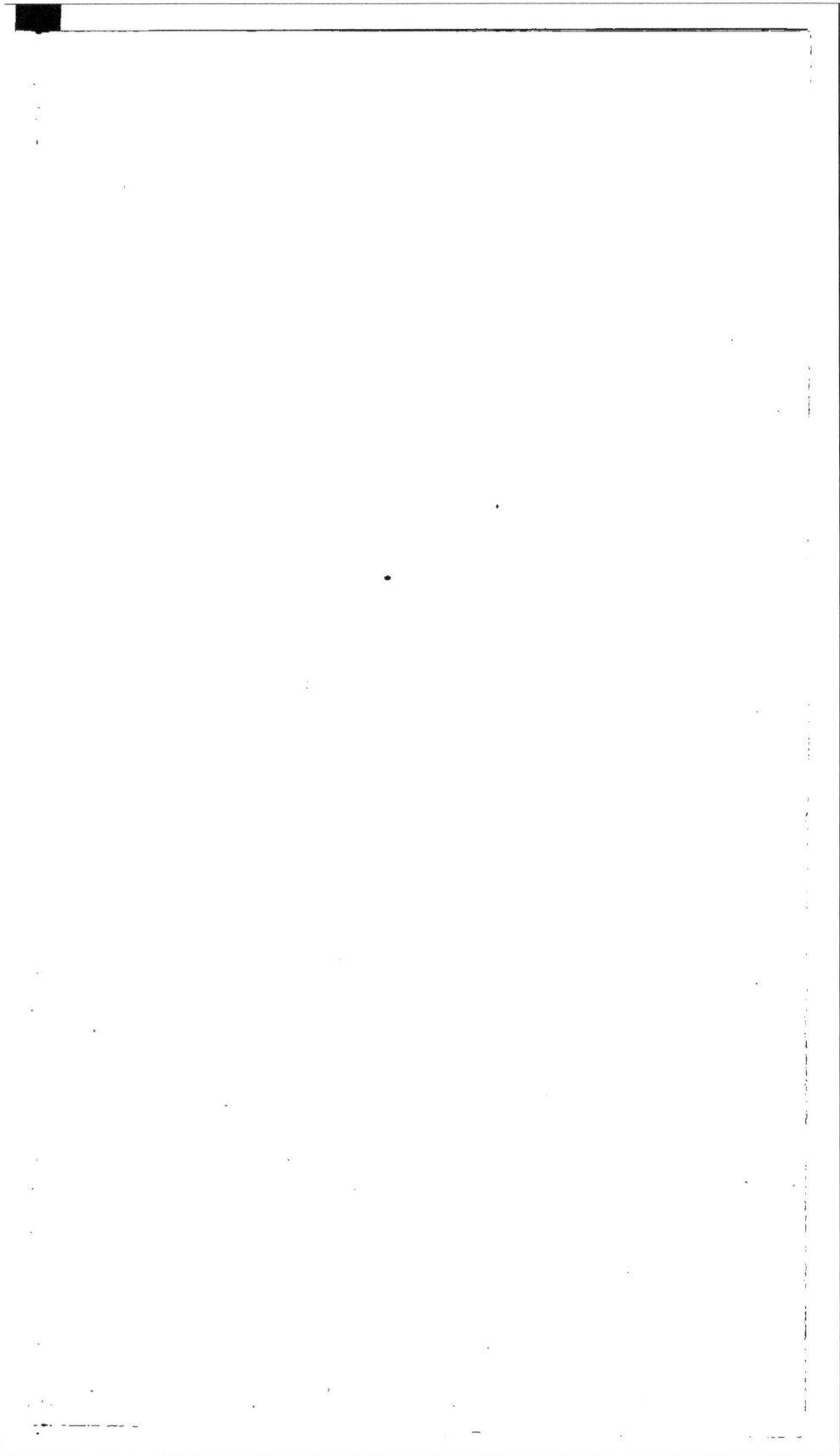

Par le comte *illegible*

C

*illegible*

# VOCABULAIRE

# DU BERRY

ET

# DE QUELQUES CANTONS VOISINS.

(Hôtel-de-Ville de Bourges et Palais de Justice.)

Ancienne maison de Jacques Cœur (1443).

# VOCABULAIRE

# DU BERRY

ET

# DE QUELQUES CANTONS VOISINS,

PAR

## UN AMATEUR DU VIEUX LANGAGE.

Mon Dieu, j'n'avons pas étugué comme vous,
Et j'parlons tout droit comme on parle cheux nous.
(MOLIÈRE : *Femmes savantes*, acte 2, scène VII.)

( Armes de la ville de Bourges avant 1789. )

# PARIS,

A LA LIBRAIRIE ENCYLOPÉDIQUE DE RORET,
RUE HAUTEFEUILLE, 10 BIS.
1842.

# TABLE.

—◦◦—

Escalier de la Cour royale.
(Ancienne maison de Jacques Cœur.)

# INTRODUCTION.

———

Notre Berry passe, je ne sais pourquoi, pour un pays insignifiant, monotone, dépourvu de tout pittoresque, de toute originalité. On veut bien nous accorder que nous sommes de bonnes gens, et quand on a fait, avec un sourire où perce la moquerie, l'éloge de nos moutons, on se croit quitte envers nous. Heureux encore quand on ne remet pas sur le tapis ce sot conte des armes de Bourges[1] : *Asinus in cathedrâ.* Un prétendu *Berrichon*, écrivant dans le Mercure de France, de février 1746, avait semblé passer condamnation sur ce point; mais, qui ne sait qu'il est réfuté dans le numéro d'août suivant, par un véritable *Berrichon?*

« Quel est, s'écrie celui-ci dans sa vertueuse indignation, quel
» est le citoyen assez dénaturé pour prêter gratuitement des armes
» à un préjugé qui tend à tourner en ridicule sa ville natale? » Et
plus loin : « Vous savez, Messieurs, tout l'intérêt que j'ai d'expa-
» trier ce mauvais plaisant : on ne dit déjà que trop de mal de ma
» pauvre ville sans qu'on ait encore à lui imputer de produire des
» enfants ingrats et dénaturés. »

Et la suite du mémoire tourne à la gloire de la ville de Bourges,

---

[1] Voir à la page du titre les véritables armes de Bourges avant 1789.

en démontrant l'origine du quolibet dont nous sommes victimes.
En effet, il existait autrefois à notre Hôtel-de-Ville (l'ancien palais de Jacques Cœur[1]), un tableau qui représentait un général
romain se faisant porter au combat dans un fauteuil (chaise, chaire) :
on lisait sur l'inscription : *Asinius in cathedrâ*, dont on a fait si
méchamment *asinus*, en nous faisant tort d'un *i* tout entier ; et
c'est ainsi qu'au rebours du proverbe :

*Uno pro puncto caruit Martinus asello*[2],

nous avons été gratifiés de cet âne malencontreux. La ville était
assiégée, par qui ? je suis obligé de convenir que l'auteur du mémoire n'en dit rien. Toujours est-il qu'Asinius inspira, du geste et
de la voix, un tel courage à la garnison, que l'armée ennemie fut
brusquement forcée de lever le siège[3]. On voit que si le peuple de
Dieu a été sauvé par Samson, à l'aide d'une mâchoire d'âne, nous
avons bien sujet de nous honorer d'Asinius. Mais, s'il reste encore,
pour les antiquaires exigeants, quelques doutes sur cette explication si plausible, ce que l'on ne peut nous ôter du moins, et qui
devrait nous protéger contre les mauvais plaisants, c'est qu'à trois
grandes époques de l'histoire, la ville de Bourges a été le boule-
vard de l'indépendance nationale. D'abord, au temps de César,
où elle était appelée : *Pulcherrima ferè totius Galliæ urbs*[4], lorsqu'elle fut si vaillamment défendue par l'Auvergnat Vercingétorix ;
puis, sous Charles VII, que l'*Anglais* appelait par dérision le roi de

---

[1] La vignette en tête de ce volume représente la façade du monument ; celle du
titre, les armes de la ville de Bourges avant 1789 ; derrière la table, on voit la tour
de la cour intérieure du palais ; à la fin du volume, les armes et la devise de
Jacques Cœur. (Consulter pour les détails l'ouvrage de M. le baron Trouvé, intitulé :
*Jacques Cœur, commerçant, maître des Monnaies, argentier du roi Charles VII
et négociateur.* — Paris, 1840.)

[2] C'est le proverbe français : *Faute d'un point, Martin perdit son âne.*

[3] Le Dictionnaire de la conversation (art. *Bourges*) cite un manuscrit du Va-
tican, qui confirmerait notre explication.

[4] Cæs. de *Bell. Gall.* VII, 15. Ce sont les Bituriges qui, dans les Commentaires
de César, portent ce jugement de leur capitale *Avaricum* (Bourges). Mais quelques
lignes plus haut (VII, 13), César parlant en son propre nom, l'appelle *oppidum
maximum munitissimumque in finibus Biturigum atque agri fertilissima regione.*

Bourges[1]; enfin, dans nos désastres de 1815, lorsque la grande armée a été réduite à l'armée de la Loire. Puisse le gouvernement de la France n'avoir plus jamais à nous demander l'hospitalité !

Je conviendrai que lorsqu'on parcourt en diligence nos plaines nues de Vatan, sur la route de Toulouse, et nos bruyères d'Argent sur celle de Clermont, on ne peut pas avoir une idée bien avanta-

---

[1] *Extrait des lettres patentes du roi Louis XI, données à Ermenonville au mois de juin 1474, qui accorda le privilège de noblesse aux maire et échevins de Bourges.*

« Considérant qu'en ladite ville et pays d'environ, feu nostre très-chier sieur » et père et nostre très-chère dame et mère se sont tenus la plus grande partie » de leur temps, et y ont esté très-grandement et loyaument servis par les ha- » bitans d'icelle, mesmement au temps que les Anglois, anciens ennemis et ad- » versaires de la couronne, et les Bourguignons tenoient et occupoient presque » tout le royaume, et qu'ils furent devant ladite ville, et tellement que, grâces » à Dieu, elle fut préservée et gardée desdits Anglois et Bourguignons, qui fut » cause du sauvement et recouvrement dudit royaume; et considérant aussi que » c'est le lieu de nostre naissance et nativité, désirant à ceste cause accroistre les » honneurs et privilèges de nostre dite ville et cité; »

(TROUVÉ, *Jacques Cœur*, page 115.)

Le fragment suivant des *Vigiles de la mort du roi Charles VII*, par Martial d'Auvergne, poète du XVᵉ siècle, est à la fois un témoignage de la fidélité de la province à un roi malheureux, et un specimen de la poésie du temps :

Mieux vaut la liesse,
L'accueil et adresse,
L'amour et simplesse
De bergers pasteurs,
Qu'avoir à largesse,
Or, argent, richesse,
Ne la gentillesse
De ces grands seigneurs :
Car ils ont douleurs
Et des maux greigneurs (plus grands).
Mais pour nos labeurs,
Nous avons sans cesse
Les beaux préz et fleurs,
Fruitaiges, odeurs,
Et joye à nos cœurs,
Sans mal qui nous blesse.
Se pour peine prendre
Bœufs et brebis vendre,
R'avoir je povoye

Le feu roi de cendre,
Et sur piedz le rendre,
Tout le mien vendroye.
Et ne cesseroye
Jusque lui auroye
La vie retournée,
Pour la doulce voye,
Le bien et la joye
Qu'il nous a donnée.
A tout mon pain biz
Mes tielz quelz babiz,
Gardant les brebiz,
Pour luy Dieu priray,
Et ses fleurs de liz
Le précieux liz
Si noble et joliz,
Tant que je vivray
Je l'onnoreray.

(TROUVÉ, *Jacques Cœur*, p. 409; voy. aussi *collect. des poètes franç.* de Crapelet, t. II, p. 282.)

geuse de la nature du Berry; on en juge autrement, quand on fait connaissance avec notre val de Loire, nos belles collines du Sancerrois, nos bords du Cher. Est-il, par exemple, un paysage plus riant, une plus jolie ville que Saint-Amand? Et les vallons de l'Indre, célébrés par Georges Sand, notre compatriote, héritier direct de Rousseau et de Bernardin de Saint-Pierre? C'est dans nos prairies, dans ces *traines* où aimaient à errer Valentine et Geneviève, que s'est inspiré cet admirable talent. « J'avais 16 ans, dit-il, dans une page digne des *Rêveries du promeneur solitaire; ô* le bel âge pour aimer les fleurs! »

*Et in Arcadiâ ego!* Moi aussi, j'ai herborisé dans ces paisibles campagnes, et elles m'ont fourni une preuve de plus de la légèreté avec laquelle notre pays a été jugé. Les savants s'étaient imaginé que notre Flore ne méritait pas leur attention, que c'était une bonne personne bien commune, sans esprit et sans grâce. Quelques amis de la pauvre méconnue, qui lui faisaient depuis longtemps une cour assidue, ont pris sa défense et se sont efforcés de la faire valoir. M. Boreau lui a donné une robe nouvelle[1], simple, mais parfaitement adaptée à sa taille; et elle s'est présentée, avec sa mine accorte, ses fraîches couleurs, dans le monde des savants où elle a conquis tous les suffrages, ni plus ni moins que ne le ferait une jolie paysanne de notre canton de *Vailly*, qui ferait son apparition dans un salon.

En m'égarant sur les traces de cette Flore, ma première passion, j'ai été à portée de connaître aussi le caractère, les habitudes de notre population, et d'en saisir le reflet dans le langage.

Limitrophes au sud des pays où se conservent les idiomes de la langue d'*Oc*, à l'est et à l'ouest de deux patois qui, comme nous, font partie de la langue d'*Oil*, le Bourguignon et la *gente Poitevenerie* des premiers trouvères, nous parlons le français proprement dit, mais dérivé du type dont la ville de Blois passe pour avoir gardé le dépôt, et empreint de modifications qui ne laissent pas que d'avoir une certaine originalité.

---

[1] *Flore du centre de la France*, par M. Boreau, 2 vol. in-8°. — Paris, Roret, 1840.

Je fais mes délices de Montaigne; j'avoue même que je suis grand partisan de Rabelais. Sans doute nos locutions n'ont pas toute la vivacité méridionale qui caractérise la phrase du premier; elles rappelleraient plutôt le ton narquois du second, originaire, comme chacun sait, du pays de la Loire; elles se rapprochent de l'un et de l'autre par un tour naïf et plein d'images. Molière et La Fontaine n'ont pas dédaigné de puiser à ces sources vives.

Hâtons-nous donc de recueillir les vestiges du vieux français, avant que le néologisme et le méchant goût du siècle [1] aient aussi envahi nos campagnes, et fondu ce qui reste des traits sociaux primitifs dans cet insipide mélange qu'on appelle la civilisation moderne. Tel était sans doute l'objet que se proposait, dès 1807, M. Crétet, alors ministre de l'intérieur, lorsqu'il recommandait, par une circulaire, de rassembler de toutes parts les échantillons des idiomes populaires de l'empire; c'est ce qu'ont fait à diverses époques les auteurs d'un bon nombre de Glossaires provinciaux [2], œuvres modestes, mais qui jètent un jour piquant non-seulement sur les origines de la langue française, devenue si belle sous la plume de nos grands écrivains, mais encore sur l'histoire nationale tout entière. Aussi, l'un des meilleurs juges en cette matière [3] a-t-il été jusqu'à dire des idiomes populaires, que « s'ils n'existaient plus, il faudrait créer une académie exprès pour les retrouver. »

J'apporte à l'œuvre le contingent du Berry et de la partie de Nivernais qui l'avoisine, jusqu'aux montagnes du Morvand exclusivement.

---

[1] Le méchant goût du siècle en cela me fait peur,
Nos pères, tout grossiers, l'avaient beaucoup meilleur.
Et je prise bien moins tout ce que l'on admire,
Qu'une vieille chanson que je m'en vais vous dire.
　　　　　（MOLIÈRE, *Misanthrope*, acte 1er, scène 2.）

[2] Voir l'ouvrage de M. Schnakenburg, intitulé : *Tableau synoptique et comparatif des idiomes populaires ou patois de la France.* — Berlin et Paris, 1840.

[3] M. Nodier.

Le programme de ce petit recueil a paru il y a six ans, sous forme
d'appel au patriotisme local : j'ai été entendu, et chacun s'est empressé
d'apporter des renseignements au point central du musée départemen-
tal à Bourges [1]. Toutes les classes de la société ont contribué à enrichir
notre vocabulaire, la robe et l'épée, le comptoir et surtout la charrue.

Il m'eut été facile de grossir beaucoup ce volume, si j'avais été
moins scrupuleux en vérifiant les titres d'admission de tous mes
mots. Mais le mérite d'un ouvrage comme celui-ci est dans sa spé-
cialité, comme dans l'authenticité des renseignements d'après lesquels il est écrit : ainsi, il ne fallait y admettre que des mots
propres au Berry et dont l'emploi avait été reconnu par moi-même
ou m'était attesté par des personnes dignes de foi. Il en est d'un
vocabulaire comme d'une flore locale : si, pour se donner le plaisir de
l'étendre, on va, de propos délibéré, ou sur des témoignages dou-
teux, emprunter des espèces étrangères au pays, tout mérite dis-
paraît ; et notre vocabulaire est encore plus restreint qu'une flore
locale, puisqu'il ne contient pas les mots purement français, qui
seraient aux mots locaux, ce que sont dans une flore les espèces
communes aux pays voisins et formant le fond de la végétation, aux
espèces exclusivement locales. Ainsi, lorsque, guidé par l'analogie,
j'ai rencontré dans les autres glossaires [2] un mot qui semblait à
ma convenance, je n'ai pas dit d'un ton assuré : *il doit être à
nous* [3] ! j'ai respecté le bien d'autrui.

Il m'en a coûté davantage pour résister aux attraits d'une foule
de *beaux mots* [4], revendiqués par la dernière édition du diction-

---

[1] Établissement fondé par M. le premier président Mater, député du Cher.

[2] J'ai consulté avec fruit, principalement sur les racines, le savant *Glossaire
de la langue romane*, par Roquefort ; mais cet auteur ne paraît avoir travaillé
que sur les livres.

[3] GRINGALET. — Cette malle est-elle à nous ?
BILBOQUET. — Elle doit être à nous.
( *Les Saltimbanques* : acte 1er, scène dernière.)

[4] Et Malherbe et Balzac, si savants en *beaux mots*,
En cuisine peut-être auraient été des sots.
(MOLIÈRE, *Femmes savantes*, II, 7.)

naire de l'Académie française, où ils sont enregistrés pour mémoire, et comme ayant vieilli[1]. Elle aurait bien dû nous les laisser, puisqu'elle n'en fait rien : c'est une avare qui fait une collection de médailles avec des pièces de notre monnaie courante. J'aurais pu donner pour raison qu'on reprend son bien où on le trouve; quoi qu'il en soit, je n'ai repris le mot français que dans le cas où il est détourné de l'acception consacrée[2], et dans celui où l'explication de l'Académie est certainement fautive[3].

Loin de rien disputer à l'Académie, je lui apporte, au contraire, beaucoup d'expressions vraiment françaises, composées selon les règles de la langue, et dont plusieurs sont bien connues des vieux auteurs, même des classiques, ainsi que le prouvent mes nombreuses citations. Il serait à désirer qu'elle rendît à ces exilés leur droit de cité.

J'abandonne d'ailleurs sans regret à l'Académie des inscriptions la plupart des étymologies, sauf à elle à s'entendre avec l'Académie celtique, si toutefois celle-ci existe encore. Je n'ai pu cependant me dispenser de noter l'évidence avec laquelle se produisent certaines étymologies latines ou françaises[4].

---

[1] *Ut silvæ foliis pronos mutantur in annos,*
*Prima cadunt : ità verborum vetus interit ætas,*
*Et juvenum ritu florent, modò nata, vigentque.*
*Debemur morti nos nostraque.....*
　　　　　　(HORACE, *Art poét.*, v. 60.)

[2] Exemple : *embellir* pour améliorer.

[3] Exemple : *échalier*.

[4] Exemples : *Abayer, abraser, abuter, affener, ahontir, aiguière, agroler, ajuter, amaujeter, aramé, arantèle et aranteler* (Voy. *irantèle, iranteler*), *ardoire* (vache), *arœiller, boutanfle, brundic, cliardie, enrideler, gent et gente, gogne, lians, mais que d'un, meshui, menseux, orières*, etc.

La terminaison *ance* qui exprime la qualité abstraite et qui est si gracieuse dans sa vétusté, est assez fréquente chez nous : *coutance, demeurance, doutance, empirance, fiance, lâchance, nuisance, oubliance, retirance*, etc.

Les mots suivants ne sont à noter qu'à raison de leur originalité : *Belle au coffre, chiouler, manicotier*, etc., etc., etc.

On en remarquera plusieurs où il suffit de jeter quelques traits-d'union

J'avais à éviter un autre écueil plus dangereux dans un ouvrage de ce genre, c'était d'admettre les mots français qui ne sont que corrompus par la prononciation, sans être suffisamment transformés dans leur composition même. Sous ce rapport aussi, j'ai passé toute ma récolte au crible de la critique, et je n'ai gardé que les mots ou conformes à l'ancienne prononciation française attestée par les auteurs, ou portant un cachet local bien marqué dans leur construction, ou notables par quelque habitude devenue pour ainsi dire normale chez nous, comme le retranchement[1], l'addition[2] de certaines lettres, la substitution de diverses lettres à d'autres [3], ou

---

entre les éléments d'un mot composé, pour lui donner immédiatement et dans le français le plus pur et le plus classique, un sens parfaitement clair et précis: Voyez *abayer*, *affener*, *boulanfle*, etc. Dans d'autres, on reconnaît que pour leur donner un sens irréprochable, il suffirait de modifier une lettre ou une syllabe; quelquefois aussi, une lettre étymologique conservée dans le langage du Berry, alors qu'elle a disparu dans le français, suffit pour rattacher un mot à sa véritable origine. ( Voy. la note à *Hierre*.)

[1] Substantifs.— *Cabaët*, cabaret; *canon*, caneton; *chemie*, *chemiette*, chemise, chemisette; *cormuse*, cornemuse; *cortine*, courtine; *forche*, fourche; *fré*, frère; *grenoille*, grenouille; *iventaire*, inventaire; *loûtier*, louvetier; *maion* (prononcez *maihon*), maison; *marillier*, marguillier; *mé*, mère; *pé*, père; *quenoille*, quenouille; *riau*, ruisseau; *rin*, rien; *trompe*, tromperie.

Adjectifs. — *Ch'ti*, *ch'tite*, chétif, chétive; *essuy*, *ressuy*, essuyé, ressuyé; *paure*, *poure*, pauvre; *résou*, résolu.

Pronoms. — *Li*, lui; *sin*, *tin*, *min*, sien, tien, mien.

Verbes. — *Cuer*, curer; *edfier*, édifier; *emmerrai*, emmènerai; *entopper*, envelopper; *lairrai*, *lairrons*, laisserai, laisserons; *poursuire*, poursuivre; *prenre*, *prenra*, *prenrons*, prendre, prendra, prendrons; *répons*, répondu; *serins*, serions; *sit*, soit; *tins*, tiens; *tocher*, toucher; *vienrai*, *vienra*, *vienrons*, viendrai, viendra, viendrons; *vourrai*, *vourra*, *vourrons*, voudrai, voudra, voudrons.

Adverbe. — *Quaïment*, quasiment.

[2] *Ajider*, aider; *beuvons*, *beuvait*, buvons, buvait; *dôter*, ôter; *échenet*, cheneau; *gaîte*, féminin de l'adjectif *gai*; *nout'*, *vout'*, notre, votre; *soun* (devant une voyelle), son.

[3] *Abrisser*, abriter; *cheretier*, charretier; *chesseresse*, sécheresse; *emblader*, emblaver; *égrafigner*, égratigner; *enfle*, enflé; *enneu*, ennui; *gendives*, gencives; *gonfle*, gonflé; *groumeler*, grommeler; *houme*, homme; *igal*, égal; *igneau*, agneau; *jiter*, jeter; *palle-besse*, pelle-bêche; *Pré-Savoye*, localité voisine de Bourges, au

enfin leur interversion[1]. Ces modifications portent généralement sur les voyelles et dénotent toujours une intention de satisfaire à l'euphonie, ou de donner plus d'énergie à l'expression. J'omets comme simple vice de prononciation, beaucoup de mots communs d'ailleurs à diverses provinces[2]. Je n'ai pas voulu faire une caco-logie[3], mais un vocabulaire. Sans doute les limites entre ces deux genres d'ouvrages sont assez indécises de leur nature : le lecteur jugera si mon choix a été judicieux.

L'accent provincial est peu marqué ; pourtant, il se rapproche-rait plutôt du parler traînant des Normands[4] que de l'allure cadencée des idiomes de la langue d'Oc. L'accent tonique ne porte presque jamais, comme dans ceux-ci, sur la pénultième[5] ; il porte, comme dans le français pur, sur la dernière syllabe sonore, mais dégagé du ralentissement propre au Normand. A titre d'observations phonétiques proprement dites, j'ajouterai que dans les mots qui admettent dans leur composition *an*, *em*, *en*, on force même au féminin le son nasal [6] ; que le *c* prend souvent le son

lieu de *presse* ( pressoir à huile ) *à Houet*, origine attestée par les titres ; *prouin*, provin ; *rouger*, ronger ; le *Sautay*, le Chautay, commune ; *sener, senaille*, semer, semaille ; *timber*, tomber ; *use*, usé ; *vende*, vente.

[1] *Atelon*, étalon ; *genilier*, gelinier, poulailler ; la *Guerse*, la Guerche, chef-lieu de canton.

[2] *Sanger, sangement*, changer, changement ; et autres, où les chuintantes *ch* et *j* sont remplacées par les sifflantes *s* et *z* ; *dihors*, dehors ; *cheux nous*, chez nous.

J'ai gardé *Adret, à dret*, dérivé de droit, à cause de ses applications ; la *Guerse* et le *Sautay*, comme modifications spéciales de noms de localités.

[3] A plus forte raison, ai-je rejeté tous les mots deshonnêtes qui auraient pu blesser les oreilles chastes. Au point de vue purement philologique, on peut dire qu'ils sont regrettables.

[4] Les Normands prononcent les *bêles* pommes.

[5] A Issoudun, les mots *pas, là-bas, tu vas*, etc., se prononcent *pâo, là-bâo, tu vâo*, en faisant porter l'accent tonique sur la lettre *a*.

[6] *Animau*, on prononce : *annimau* ; gagner, gagnage : *gan-gner, gan-gnage* ; *Jean, Jeanne : Jean-ne ; nenni : nan-ni ; panner : pan-ner ; prudemment, sa-vemment*, et tous les adverbes semblables : *prudan-ment, savan-ment*.

On trouve dans ces faits une trace précieuse de l'ancienne prononciation fran-çaise, dont le son nasal a fait place aux sons ouverts du langage moderne.

du *g*[1], comme dans le parler de l'ancien régime, et que le *gl* se mouille à l'Italienne, de manière à passer, pour ainsi dire, à l'*y*[2].

Les formes grammaticales méritent encore plus d'attention; on a pu le remarquer déjà : nos Berrichons, dans la composition des mots et l'espèce de torture infligée aux racines françaises, obéissent encore, sans le savoir sans doute, à une syntaxe : ce fait se confirme par les considérations qui nous restent à présenter.

En ce qui concerne les substantifs proprement dits, nous en avons cité beaucoup de remarquables par leur construction. On en reconnaîtra de masculins en français, qui ont conservé chez nous leur ancien genre féminin[3]. En revanche, plusieurs mots féminins en français ont passé chez nous au masculin[4]. Nous avons déjà noté l'emploi gracieux de la terminaison *ance*. Les substantifs français en *al* prennent souvent au singulier la terminaison *au*, et la plupart du temps reprennent *al* au pluriel[5].

La formation des noms propres a donné lieu à de savantes dissertations[6]. Il y en a chez nous, comme partout, qui dérivent des métiers, des qualités, et plus souvent des défauts du corps, etc. Par plusieurs raisons qu'il est facile de deviner, je ne les ai pas compris dans mon travail[7].

Dans les noms propres appliqués aux femmes, l'usage est de leur donner une terminaison féminine; lorsque le nom admet dans sa

---

[1] *Claude*, on prononce *Glaude*; *secret*, on prononce *segret*.

[2] *Agland, aglander, aveugle, aveugler, glène, glèner, glotte, glotter*, on prononce en mouillant : *Agliand, aveuigle*, etc.

[3] *Prée* (*la*), pré d'une certaine étendue. — *Poison* (*la*), poison. (Voy. aussi au Vocabulaire *serpent* (*une*); *la froid, la chaud*.

[4] *Fourmi, glas, limas, poussier, rouille, toison*. (Voy. le Vocab.)

[5] *Un chevau, des chevals; un maréchaud, des maréchals; un mau, des mals; un bestiau, des bestials; un journau de terre; un pau* (*pal*), au pluriel, *paux*.

[6] Voyez l'ouvrage d'Eusèbe Salverte, intitulé : *Essai historique et philosophique sur les noms d'hommes, de peuples et de lieux, considérés principalement dans leurs rapports avec la civilisation.* — Paris, 1824, 2 vol. in-8°.

[7] Je me contente de citer : *Gromet*, serviteur; *Tiphénat*, né le jour de l'Épiphanie; *Raffestin* (Voy. au Vocabulaire. L'explication de ces noms est tirée du Glossaire de la langue romane, par Roquefort.)

composition un adjectif, cet adjectif lui-même passe au féminin [1]. Les sobriquets ou *sornettes* sont plus communs que dans aucune province de France : le plus souvent, ils ont une signification plaisante [2]; j'en ai consigné quelques-uns dans le vocabulaire. Souvent, pour les ouvriers étrangers établis dans le pays, ces sobriquets sont tirés du lieu natal; assez souvent aussi, ils n'ont aucun sel, et sont nés d'un pur caprice.

Les diminutifs de prénoms sont à peu près chez nous ce qu'ils sont dans les diverses contrées de la langue d'*Oil* [3]; mais nous possédons dans les substantifs des diminutifs qui sont spéciaux au Berry [4].

Les noms vulgaires de plantes sont aussi, en quelque sorte, des sobriquets; j'ai noté soigneusement ceux qui sont propres à notre contrée, avec le numéro de la *Flore du Centre* qui y correspond, omettant à dessein ceux qui se trouvent généralement dans les autres Flores.

C'est ici le cas de faire remarquer la richesse de notre vocabulaire en mots qui ont trait au mauvais état de nos voies de communication [5], depuis la boue la plus liquide, jusqu'à la plus adhérente [6], triste témoignage que l'achèvement de nos routes départementales et l'application générale de la loi sur les chemins

---

[1] *Vaillant, la Vaillante; Grosbot, la Grossebotte.*

[2] *Galope-science, Gueule carrée, Gueule fraîche, Gueule fine, Gueule noire, Gueux de nez, Tâte-au-pot, Touche-aux-nues, Pèse-les-œufs.*

[3] *Louison*, etc. (Voy. aussi au Vocabulaire *Linard.*)

[4] Voy. au Vocabulaire *gas, ganet, ganillon; cadet, cadi, cadichon, cadichonneau, cadichonnet; cadiche, cadoche, cadichonne.*

[5] « Et veis que les voyagiers, servants, etc.... J'y recogneu le grand chemin de » Bourges et le veis marcher à pas d'abbé et le veis aussi fuyr à l'advenue de » quelques charretiers qui le menaçaient fouler avecques les pieds de leurs che- » vaux, et lui faire passer les charettes dessur le ventre, comme Tullia fit » passer son chariot dessur le ventre de son père, 6ᵉ roi des Romains. »
(RABELAIS, *Pantagruel*, V. 26.)

[6] *Bouraille, bourdir, canche et encancher, chagnat, dépâter et dépâtoire, écorcer, s'embouer, gauger, gouiller et gouillat, gour et gourmi, grenachon, grenouillat, lave (ça), pater, patouillat et patouille, poiger, poincher, rue de gratte-oreille,* etc.

vicinaux feront sans doute bientôt disparaître. Je tiens davantage à
ce que le lecteur ne conclue rien contre notre moralité, du nombre
de mots qui expriment chez nous les nuances infinies sous lesquelles la vérité peut se déguiser[1]. Sur d'autres sujets qui tirent
moins à conséquence, la richesse de nos synonymes est remarquable; ainsi, nous en avons huit pour signifier le dernier né
d'une famille ou d'une couvée[2].

Sans avoir fait leur rhétorique, les Berrichons font un grand
usage des tropes et des figures de construction : le génie de notre
idiome y semble naturellement porté. La métaphore proprement
dite, ou comparaison abrégée, est de tous les tropes le plus général[3]; la catachrèse, qui consiste dans l'abus d'un terme[4], la méto-
nymie, la synecdoche[5], l'euphémisme et l'antiphrase[6], l'ellipse[7],
se rencontrent souvent.

---

[1] *Affiater*, *affiauler*, *affiner*, *aguiser*, *alouser*, *amalocher*, *attrapi qu'attrapa*, *emberlauder*, *emberliner*, *envorner*, etc.

[2] *Boiquat*, *bouscoux*, *caillaux*, *chacrot*, *chauculon*, *fiouclou*, *masc*, *piou*.

[3] *Branler dans ses habits*; *faire du traversin*; *faire son dogue*; *temps vert*,
*année verte*.

> Elle a  .   .   .   .   .   .
> Et la mine av'nante ;
> Les deux yeux *bin allumés*,
> L'air *plaisant* et réveillé :
> La bonne aventure, ô gué! etc.
> ( Voy. au Vocabulaire, note au mot *Décarémer*.)

[4] *Bonjour* (visière) d'une casquette est une catachrèse ingénieuse. — *Faquin*
pour élégant, *grand' mère* pour sage-femme, *amener* pour produire, *plumer* une
*poire* pour la peler, *apport* pour assemblée de village, ont moins de mérite.

[5] Une *jeunesse* pour un jeune homme, *une jeune fille*; un *mâle*, une *femelle*,
pour un *homme*, une *femme*.

[6] Un *noble*, un *monsieur*, pour dire un *porc*, sont des euphémismes en faveur
du porc. — *Gazelle* pour truie, *coquin* pour gentil, *drôlesse* pour jolie fille,
sont des antiphrases.

[7] *Vendre vin*, *faire veau*, *il fait vent*, *prendre vent*. *Boissiramé*, pour *bois
du sire aimé*, château près de Bourges donné par Charles VII à Agnès Sorel.

Les proverbes, cette *sagesse des nations*, s'exprimant ordinairement en langage figuré, se rattachent aux tropes : la plupart des proverbes français ont cours en Berry.

Les locutions proverbiales sont souvent fondées sur des comparaisons agréables ou piquantes; on en trouvera quelques-unes dans le vocabulaire [1]. Les jurons où le diable figure reviennent à tout moment et sous les formes les plus inattendues [2].

Les noms de lieux confirment ce que j'ai dit précédemment du caractère Rabelaisien de notre idiome : ce sont encore des sobriquets qui s'appliquent, soit aux hameaux, soit plutôt aux habitations isolées. J'en ai relevé un certain nombre, des plus bizarres. Il est probable que la généralité des hameaux a pris le nom des familles qui les ont peuplés originairement [3]. Il faut noter d'ailleurs que chez nous les agglomérations d'habitants sont toutes rehaussées d'un degré dans l'échelle de l'importance relative : ainsi, beaucoup de bourgs sont décorés du titre de ville; tout *village* ayant un clocher s'appelle *bourg;* le hameau qui n'a par fois que deux maisons, est un village; toute *maison* surmontée d'une girouette, est un *château* [4]; la *maison plaisante*, le *domaine*, la *manœuvrerie*, la *locature*, la *louagerie*, l'*accense*, forment les derniers termes de la série. Les terminaisons en *cour*, si communes en Picardie, en *ville* et *villiers*, si fréquentes aux environs de Paris, sont remplacées chez nous par les terminaisons *ai*, *ais*, *on* *ois*, *oix* et *y;* cette dernière est plus fréquente dans les cantons voisins

---

[1] S'en aller comme un *cofignau;* marcher comme un *limas* dans les *gapiers*.

[2] Que le diable me *brûle*, me *damne*, m'*estringole*, me *fricasse*, me *grille*, me *rompe*, etc., etc.

[3] Les *Quinaults*, les *Androts*, les *Prins*, les *Labbe*, etc.

[4] Dans le Morvand, beaucoup de petits hameaux, d'habitations isolées portent le nom d'*huis* (porte), auquel est ajouté un nom de famille ou de baptème. Ainsi, aux environs de Raffigny, célèbre par l'habitation de M. Dupin aîné, entre Gacogne et Mont-Reuillon, j'ai compté près d'une trentaine de noms de ce genre, l'*huis Morin*, l'*huis Picard*, l'*huis Raboudot*, l'*huis Perrot*, l'*huis Robin*, l'*huis André*, l'*huis Jacques*, etc.

de la Loire[1]. Les exploitations rurales isolées prennent souvent la terminaison *rie*[2].

La syntaxe berrichone est plus remarquable encore dans les temps des verbes[3], notamment dans les *prétérits*, où la contraction des lettres *a* et *i* du latin, au lieu de se faire en *a*, comme dans le français, se fait en *i* : il va presque sans dire que le pronom personnel du singulier est toujours accouplé à la première personne du pluriel[4].

A la rigueur, un observateur attentif pourrait discerner plusieurs dialectes dans la contrée dont nous nous occupons, mais il

---

[1] *Bouzais, Maisonnais, Bessais-le-fromental. — Saint-Ambrois, Annois.— Brinon, Chambon, Girardon, Gron. — Subdray, Vornay, Chaulay et Sautay, Mornay, le Bessay. — Givry, Herry, Cuffy, Marzy, Garchizy, Azy, Etrechy, Livry, Toury.*

[2] La *Gastonnerie*, la *Berlanderie*, la *Grébillerie*, etc.

[3] Exemples :

Indicatif présent. — J'*sommes*, j'*avons*, j'*mangeons*, j'*vons*, j'*allons*; ils *mangeont*, ils *disont*, ils *chantont*, ils *appelont*.

Imparfait. — Je *ou* ils *mangiont*, *disiont*, *chantiont*, *appeliont*.

Prétérit. — Singulier : Je *ou* il *mangit*, *dissit* (du latin *dixit*), *chantit*, *appelit*. Je *venis*, je *vins*. Il a *répons*; j'ai, j'*ons senti* (terminaison assez commune dans les verbes en *ir*). Pluriel : Nous *mangimes*, *dissimes*, *chantimes*, *appelimes*, nous *venîmes*, nous *vînmes*. Ils *mangirent*, *dissirent*.

Conditionnel. — Je *sarie*, je *sereu*, je *serins* : je serais, nous serions ; j'*aurie* : j'aurais. Je *lairais*, *lairions*, ils *lairiont*, pour laisserais, laisserions, laisseront. Ils *serint* : ils seraient.

Subjonctif présent. Singulier : Que j'*aie*, pour que j'aie. Pluriel : Que nous a*ïmes*, qu'ils a*ïent*. — Subjonctif imparfait. Je *ou* ils *mangeint*, *disseint*, *chanteint*, *appeleint*.

Impératif. — *Vons-y*, allons-y.

Participe. — *Teindu*, teint ; *sentu*, senti.

Futur. — Je *voirons*, vous *voirez* : nous verrons, vous verrez.

[4]   J'aime bien mieux pour moi qu'en épluchant ses herbes,
    Elle accommode mal les noms avec les verbes,
    Et redise cent fois un bas ou méchant mot,
    Que de brûler ma viande, ou saler trop mon pot.

                (MOLIÈRE, *Femmes savantes*, II, 7.)

ı.e serait pas facile de tracer exactement sur la carte, les limites où se circonscrivent ces modifications fugitives, et nous en tenons d'autant moins compte qu'elles portent principalement sur la prononciation à laquelle nous sommes convenus de n'accorder qu'une importance secondaire.

Les détails de mœurs, les coutumes relatives aux actes de la vie civile et religieuse, les usages superstitieux qui règnent encore dans nos campagnes, auraient exigé un traité à part. La croyance aux sorts et aux sorciers s'est maintenue chez nous, mais sans y donner lieu à ces faits sauvages dont retentissent ailleurs les cours d'assises. J'ai mentionné quelques-uns des traits appartenant à cette catégorie, à propos des mots qui y sont relatifs[1].

Enfin, notre muse populaire pourrait fournir aux curieux plus d'une production qui n'est pas sans grâce. Il existe encore chez nous des noëls, des chansons satiriques et autres qu'il sera peut-être bon de recueillir; j'en ai cité en note des fragments à titre de specimen[2]. Quand on s'occupera de l'anthologie du Berry, il conviendra d'y joindre les fragments de la musique villageoise, pour la musette et le pipeau. Il ne faudra pas oublier la cantilène, à sons prolongés, de nos laboureurs. La danse locale elle-même ne sera pas à mépriser : la *bourrée* ( ô souvenir de ma jeunesse! ) qui nous vient de l'Auvergne; la *chamaillade* et le *bransle*[3]. Ces danses disparaissent, hélas! de jour en jour, avec l'antique bonhomie, et cèdent, en rougissant, la place à la contre-danse du beau monde, comme fuient devant les modes nouvelles, notre *biaude* (blouse) gauloise, notre *dômaye* des jours de fêtes, notre chapeau à larges bords et à calotte ronde, entourée d'une ganse de

---

[1] On trouvera peut-être quelquefois les rapports un peu éloignés, les analogies un peu tirées. J'ai pensé que plusieurs de nos coutumes méritaient d'être connues, et que nos lecteurs ne nous sauraient pas mauvais gré de les leur avoir indiquées, au risque de les rattacher par un fil trop léger au mot sans lequel on n'aurait pu leur trouver place.

[2] Voyez les mots : *Aubrelle*, *drapeau*, *plaisant*.

[3] C'est une danse honnête : elle n'a rien à démêler avec le censeur populaire des mœurs, le bon gendarme.

chenille versicolore, et la coiffe à barbes relevées des femmes du pays de la Sauldre[1].

Je dois ici témoigner ma reconnaissance à mes collaborateurs : peut-être l'anonyme que nous gardons tous est-il d'autant plus convenable, qu'il protège en même temps plusieurs d'entre nous contre le reproche d'avoir dérobé trop de temps à des devoirs plus sérieux. Ce qu'il y a de certain, c'est que cette collection a été pour nous un délassement agréable; nous souhaitons qu'elle en procure un semblable à nos lecteurs.

---

[1] Un de mes correspondants m'écrit : « Lorsque des hauteurs de Menetou-Ratel ( Voy. au Vocabulaire la note à *Carrage* ), on descend dans la vallée de la Sauldre, on est frappé de la beauté mignarde des femmes. A Jards surtout, il ne manque aux bergères que la houlette enrubanée, le panier rempli de roses, et la fidèle levrette, pour figurer dignement dans un tableau de Watteau. »

Dans la partie plate du Berry, entre Sancerre et Nérondes, et qu'on appelle la *Champagne*, les hommes sont remarquablement grands, à épaules hautes; ils portent le chapeau à larges bords et la *biaude* courte.

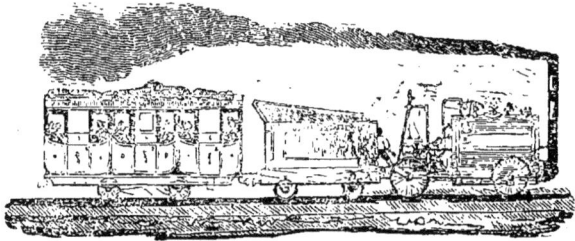

(Chemin de fer projeté d'Orléans à Bourges.)

# VOCABULAIRE
# DU BERRY,

### ET

## DE QUELQUES CANTONS VOISINS.

# A

*Abahier.* — (Voy. *Abayer.*)

*Abâteler*, — ahurir, intimider.

*Abat-foin*, — couverture pratiquée dans le plancher d'une écurie pour faire descendre le foin (Voy. *Feneau*). — On dit au figuré d'un homme qui est déchu dans sa fortune ou son intelligence; qui est coulé à fond, ou, suivant l'argot moderne, enfoncé : il est tombé dans l'*abat-foin.*

*Abaubis* [1], — ébaubi, étonné.

*Abayer, Abayeux* [2], — désirer ardemment, désireux.

*Aberger.* — (Voy. *Abréger.*)

*Aboïfou*, — étourdi.

*Aboler*, — abattre.

*Aborner, Abourner*, et par corruption *Abonner, Abonnir*, — enclore de murs, circonscrire, évaluer, fixer.

*Aboter*, — éclore.

*Aboulée*, — accouchée.

*Abraser* [3], — écraser; — *s'abraser*, s'écrouler.

*Abrater (s')*, — appuyer les bras sur les bras d'un fauteuil.

*Abre* [4], — arbre.

*Abréger*, — loger. (V. *Hébregeant.*)

*Abrégement* [5], — logement dans une maison.

*Abréla*, — menus morceaux de bois sec.

*Abrisser*, — abriter, défendre; — *s'abrisser*, s'abriter.

---

[1] *Abaubiz* fu, may et confus. (RUTEBEUF.)

[2] C'est sans doute *a-bayer*, *bayer* à quelque chose, avoir la bouche béante à cette chose, s'y *ébahir*, si l'on peut parler ainsi, c'est-à-dire la désirer ardemment.

[3] *Abraser* de *abradere*, comme *écraser* a été tiré de *ex-radere* ou *eradere*, râcler, râtisser, détruire en râclant.

[4] Vaugelas, 403ᵉ observation, dit qu'autrefois à la cour on prononçait ainsi le mot *arbre.*

[5] Corruption d'*héberge*, vieux mot français. *Jusqu'à l'héberge*, art. 653 du Code civil.

*Abuter* [1], — toucher, prendre pour but, pour point de mire.

*Accagnardi*, — homme sans énergie, ne sortant pas de chez lui.

*Accagnardir (s')*, — rester au coin de son feu.

*Accagner*, — provoquer, exciter.

*Accense*, — petite location rurale composée d'une maison et de quelques portions de terrain (Voy. *Locature*, *Manœuvrerie*); fermage, prix de la ferme [2].

*Accenser* [3], — affermer, prendre à bail.

*Accointance* [4], — rapproche-

ment, contact, commerce charnel.

*Accorgeant*, — quelqu'un qui cause du dégoût; s'entend plutôt du corps que de l'esprit.

*Accorgeon*, — mèche d'un fouet. (Voy. *Sillon*, *Touche*.)

*Accorger*, — lier deux choses ensemble.

*Accoter* [5], *Accoter (s')*, *Accoté*, — appuyer, s'appuyer, appuyé; se dit d'une personne et d'une machine qui est sans mouvement; arrêté dans une ornière. *Accoter* une porte, — arrêter une porte.

*Accoutumance* [6], — coutume, habitude.

---

1 *Abuter* devrait s'écrire *a-buter*, prendre pour *but*, viser à un *but*; il est composé comme *dé-buter* et *re-buter*.

> Ils ont bien tiré cent coups d'armes
> Sans avoir *abuté* la canne.
> *Chanson de la Canne* (environs de Saint-Florent (Cher).

2 Voyez note à *Coustement*.

> 3  Quand je regarde que li prevost
> Qui *accensent* les prevostés,
> Que ils plument tous les côtés
> A cels qui sont en leur justise
> Et se deffendent en tel guise,
> Nous les *accensons* cherement.
> (RUTEBEUF, *les Plaies du Monde*.)

4 Depuis qu'il a sceu que elle estait, il ne cessa jusques à tant qu'il ait eu l'accointance d'elle.                (MARTIAL d'Auvergne.)

5 Maintes fois il advint qu'en été il allait seoir au bois de Vincennes après la messe et se *accotoyait* à un chêne, et tous ceux qui avaient affaire venaient à lui sans huissier ni autre.                (JOINVILLE.)

> 6  Le long usage et dure *accoustumance*
> Armaient leur cœur de telle patience.
> (CL. MAROT, *Douleur et volupté*.)

> Comme le Pharien, par longue *accoutumance*
> N'entend les flots du Nil que sans cesse il entend.
> (SCÉVOLE DE SAINTE-MARTHE.)

> Mainte chos edesplait nouvelle
> Qui par *accoutumance* est belle.    (*Roman de la Rose*.)

*Accravanté* [1], — détruit, brisé, abîmé.

*Acelé*, — à l'abri de la pluie. (Voy. *Encelé.*)

*A ce matin* [2], — pour ce matin.

*A cette fin que,* — afin que.

*Acharvissement,* — scandale.

*Acharvission,*—peine, tablature.

*Achetiver,* — devenir chétif, faible, malingre.

*Acni,* — éreinté, épuisé, tombé d'inanition.

*Acniter,* — affamer, épuiser.

*Acorcher* [3], — écorcher.

*Actionneux,* — se dit de quelqu'un qui est actif, vigilant.

*Adfier, Atfier,* — élever, nourrir : *adfier* un enfant, un animal; — édifier, s'applique non-seulement aux constructions, mais aux plantations :

il a *adfié* un beau jardin. (Voy. *Édfier.*)

*Adresse* [4], — direction, sentier qui abrège le chemin. (Voyez *Dressière.* )

*Adressement,* — réparation, instruction.

*Adresser une chose,* — la ranger.

*Adressier,* — réparer, instruire.

*Adroit, Adret,* — endroit, lieu. ( Voy. *Dret.* )

*Afaîter* [5],—élever en faîte, amonceler, combler, mettre en tas, compléter une mesure.

*Affiater, Affiauler,* — tromper en flattant.

*Affener* [6] *les bestiaux,* — leur donner du foin.

*Affené* (*domaine bien*), — qui a beaucoup de prés.

*Affier* [7], — donner sa foi.

---

1 Hélas, la pauvre femme fût de même avec lui occise d'un coup d'épée travers le corps et sa fille brisée et *accravantée* contre une muraille qui ne pouvait mais de la méchanceté de son père.      ( BRANTÔME, *Dames galantes,* disc. 5°. )

2 Marquet, grand bastonnier de la confrérie des Fouaciers, lui dit : vrayment, tu es bien accresté *à ce matin.*      (RABELAIS, *Gargantua.*)

3    Tant tint li prestre son cors chier
Conques non laissast *acorchier*
Et l'enfoy au semetiére.
     (RUTEBEUF, *Testament de l'Anc.*)

4 Ceux qui connaissaient les *adresses* des chemins, furent ceux qui échappèrent.
     ( *Préface des Contes de la* REINE DE NAVARRE. )

5 Il se retira donc chez son compagnon, et brandissant avec fureur une de ces lourdes fourches en fer dont on se sert dans le pays pour *affeter* le foin sur les charrettes en temps de récolte, il attendit la nuit avec une cuisante impatience.
     (George SAND, *Valentine,* t. II, c. 17.)

6 *Affener* est un excellent mot composé de *à* et de *fener,* venu de *fenum,* foin.

7    Je vous *affie*
Et certifie
Que quelque jour
J'ai bonne envie.
     (LA FONTAINE, *Jeannot et Catin,* t. I des OEuv. diverses, p. 101 , édit. stéréot. )

*Affilée (d')*, — route faite tout d'une haleine, sans s'arrêter.

*Affiner*[1], — tromper adroitement.

*Affondrer*, — plonger, enfoncer dans l'eau.

*Affouré* (adjectif et substantif), — moissonneur que l'on nourrit.

*Affourer*, — donner à manger aux troupeaux.

*Affranchir*, — châtrer les animaux.

*Affranchisseur*, — châtreur de bestiaux.

*Affront d'un champ*, — sillons tracés sur les limites dans un sens contraire au labourage général.

*Affruiter*, — achever de mûrir sur la paille. — Quand les pommes seront *affruitées*, elles seront meilleures.

*Affûter*[2], — attendre à l'affût; — attirer adroitement quelqu'un dans le piège.

*Affutiau*[3], — effets, ornements, parure : montrer ses *affutiaux*, avoir de beaux *affutiaux*.

*Afinger*, — éclabousser.

*Afistoler (s')*, — se parer, se mettre en habits des dimanches.

*Afi*, — confiance, assurance.

*Aga*[4], — regarde.

*Agarder*[5], — regarder.

---

1 La Fontaine (*Fab.* III, 18) a dit :

> Notre maître Mitis
> Pour la seconde fois les trompe et les *affine.*

Par ces ruses chacun se deffendit : qui fût cause qu'ils payèrent leur escot et s'absentèrent pour aller *affiner* quelqu'autre.

             (E. TABOUROT, *Escraignes dijonnoises.*)

Un secrétaire pensait *affiner* quelqu'un qui l'*affina*, et ce qui en advint.

             (Titre de la 28ᵉ *Nouvelle de l'Heptameron.*)

Ce qu'entendant Pitheus luy persuada, ou bien par quelque ruse l'*affina* de sorte, etc.          (AMYOT, *Vie de Thésée.*)

2 *Affuter*, aiguiser un outil. (*Dict. de l'Académie.*)

3 Ce mot s'écrivait autrefois *afustiau*, et signifiait un manche, un morceau de bois ; du latin *fustis.*

        4 Hé ! quel honneur, te voyant par la place
           Tout couvert d'or, ainsi la populace
           Dire en derrière : *Aga*, voilà celuy
           Duquel la France a reçu tant d'ennuy.     (V. DE LA FRESN., *Satire.*)

           *Aga !* dit-il, ton oreille
           N'est pas perdue, la vois-tu ?

             (BONAVENTURE DES PERRIERS, *Nouvelle* 58.)

Voyez aussi *Festin de Pierre* de T. Corneille, acte II, sc. 1ʳᵉ.

        5 *Agardez* mon monsieur, quand il était petit,
           Il cheut du haut d'une eschelle et se rompit,
           Tant qu'il a failli se *senner* (Voy. ce mot).    (BONAV. DES PERRIERS.)

*Agas d'eau*, — abondance d'eau, averse.

*Age (d')*, — âgé : c'est un homme d'*âge*.

*Ageasse* [1], — pie.

*Aggraver*, — engager un bateau dans le sable.

*Agland*, — gland, fruit du chêne ; ce mot se prononce quelquefois *ailland*, en mouillant la lettre comme dans l'article italien *gli*.

*Aillander*, — affermer la glandée d'un bois.

*Agnelin*, — laine de l'agneau.

*Agnoustées*, — joyaux d'une mariée.

*Agoniser de sottises*, — accabler d'injures.

*Agouant, ante*, — déplaisant, fâcheux, importun.

*Agouantise*, — importunité, désagrément.

*Agoué (être)*, — être rebuté de quelque chose, éprouver du dégoût, ne plus pouvoir man-ger. Cochon *agoué*, — cochon gras à point.

*Agouer (s')*, — tousser, s'étrangler en buvant de travers.

*Agraper* [2], — prendre, saisir quelque chose qui s'échappe. (Voy. *Araper*.)

*Agravé*, — se dit des pieds des animaux, quand ils sont meurtris, foulés. (V. *Dépiété*.)

*Agroler* [3], — insulter.

*Agrouer*, — se dit de l'action d'une poule qui appelle et abrite ses poussins sous ses ailes.

*Agoutte*, — terme du Sancerrois, qui s'applique à la partie aiguisée de l'échalas (*charnier*), qu'on retaille à mesure qu'elle pourrit en terre.

*Ahontir* [4], — rendre honteux.

*Aïde, Aïde !* [5] — hé ! les autres, venez donc à mon *aïde* (aide), cri des vignerons de Bourges.

*Aiguière* [6], — rigole dans les champs.

---

[1] La FONTAINE, dans la fable de *l'Aigle et la Pie*, (XII, 11), dit : *agace*.

[2] Dérivé du latin *rapio, ere*.

[3] *Agroler* paraît venir de *grole*, nom du corbeau ; *agroler* quelqu'un serait crier après lui comme crient les corbeaux, ou comme les enfants crient après les corbeaux.

[4] *Ahontir* devrait s'écrire *a-hontir*, rendre honteux, et peut-être dans ce sens vaudrait-il mieux dire *a-honter*, puisqu'on a déjà les composés analogues, *déhonté, éhonté*.

> Toujours elle hape
>
> Ce qu'elle *agrape*. (Alexis GUILLAUME, en 1500.)

[5] Le primat d'Orliens et Ovide
> Ramenaient en leur *aïde*.
>
> (RUTEBEUF, *La Bataille des sept arts*.)

[6] *Aiguière* dans le français de nos jours ne s'emploie guère que pour désigner une sorte de pot-à-eau. Ce mot dérivé de l'ancien français *aigue* (*aqua*), conservé dans *aigue-marine*, et dans plusieurs noms de villes, *aigues-mortes, aigues-vives, aigues-bonnes, aigue-perse*, etc., se rattachait aux mots *aiguade, aignyer, aigail*, etc. Il serait bon qu'*aiguière* s'appliquât partout aux rigoles, comme le veut notre Vocabulaire.

*Aiguiser*, — tromper.

*Aijé, Aisé* (*c'est bien*) (se prononce *èyé*), — fin de phrase pour appuyer le récit d'une chose fâcheuse.

*Aillant* (*l'*), — localité près Neret (Indre). (Voy. *Agland*.)

*Aisié, Ayé*, — facile, aisé. (Voy. *Ajider*.)

*Aissis*, — bardeau, petit ais.

*Ajider* [1], — aider.

*Ajiorure*, — action brusque et de peu de durée dans un travail.

*Ajuter* [2], — niveler; *ajuter les vaches*, — traire les vaches.

*Alicot*, — petit obstacle; bois recepé, qui fait saillie.

*Alide (il)*. — (Voy. *Elider*.)

*Alis*, — alise, fruit du sorbier, alisier. (Bor., 424.)

*Alisé, Alise, Aliser* [3], — usé par le frottement; polir, adoucir.

*Alleluia*, — oxalide, oseille (Boreau, *Flore du Centre*, 63).

*Aller* (*s'en*). — Ce pot s'en va, ce plat s'en *va;* se dit d'un pot, d'un plat qui laissent échapper les liquides.

*Allipiau*, — guenille, oripeau.

*Allotir*, — partager, lotir, diviser.

*Alordé*, — simple d'esprit : il parle comme un *alordé*.

*Aloupé* (*le feu est*), — étouffé, sans courant d'air.

*Alouette* (*tête d'*), — centaurée jacée (Bor., 770).

*Alouser* [4], — induire quelqu'un en erreur, lui faire illusion.

*Aloyard*, — peuplier noir. (Voy. *Bouillard*.)

*Alumelle*, — épée, lame d'un couteau, d'un outil [5]; — long pan d'un bâtiment. (Voy. *Goutte- reau*).

*Amalader*.— (Voy. *Emmalader*.)

*Amalocher*, — tromper quelqu'un par un raisonnement spécieux. (Voy. *Alouser*.)

---

1 *Ajider* vient peut-être du latin *adjuvare*.

2 *Ajuter* est un mot parfaitement composé et dont le sens s'explique très-bien. *Ju, jut* est le participe du verbe *gésir*, qui répond au latin *jacere*, être étendu. De là les mots *jut, jute*, appliqués au mot *terrain*, pour signifier *nivelé : terrain jute*, c'est-à-dire *terra jacens*, terre bien couchée, où il n'y a ni creux ni élevures. *Ajuter* signifie donc *mettre au jut*, au niveau, et par conséquent *niveler*.

*Ajuter*, traire les vaches, ne se rapporte pas à la même racine que le précédent : peut-être se rattache-t-il au mot *jus, juteux*, alors il vaudrait mieux dire *éjuter*.

3 « Vestue fut la dame, par cointise
   » Moult est belle, graile et *alise*. »
               ( Audefroy-le-Batard, xii° siècle.)

4 Du latin *lusus*.

5 Ce mot est noté comme vieux dans le Dictionnaire de l'Académie.

    Quand Portia sut la triste nouvelle
    De son mari Brutus, mort estendu,
    Oultrer voulut son pis d'une *allumelle*,
    Ce qui lui fut des Romains défendu.    ( Etienne Forcadel.)

*Amaujeté* [1], — gâché, chose dont on tire mauvais parti : ce père a *amaujeté* sa fille, c'est-à-dire l'a mal mariée.

*Ambitionneux*, — ambitieux.

*Ame*, — fond : jusqu'à *l'âme*, jusqu'au fond, jusqu'à la corde. — Cette route est usée jusqu'à *l'âme*.

*Amèger* (*s'*), — être étonné, inquiet. (Voy. *Apenter*.)

*Amener*, — produire : cet arbre *amène* de beaux fruits.

*Ameser*, — apaiser : il *s'amèsera*, il deviendra plus raisonnable.

*Amicablement*, — amicalement.

*Amignauder*, *amignoner*, — caresser, flatter.

*Amoder* [2], — se débarrasser d'un importun, l'éconduire vite et avec rudesse ; — conduire les bestiaux aux champs, les chasser devant soi. *Amode-les, mon valet !* — cri des bergères du Berry à leurs chiens.

*Amodurer du vin*, — y mettre de l'eau.

*Amoirons*, — seneçon à feuilles d'Adonis (Bor., 738).

*Amolument* [3], — munition pour aller à la chasse.

*A mort*, — beaucoup : il y avait du monde *à mort*.

*Amoucheau*, *Amouchot*, — faisceau de branches d'arbre, et spécialement un pieu de genièvre qu'on pend à la porte d'un cabaret pour servir d'enseigne.

*Anche*, — robinet placé à une cuve : on achète du vin à *l'anche* de la cuve.

*Andin*, — étendue ou longueur d'un pré qu'on fauche, rang ou suite d'herbe coupée, enjambée.

*Aneu*, *Aneux*, — ennui, tort, dommage.

*Angilan*, — étrennes. (Voy. *Guilané*.)

*Animau* [4], — animal. (Voyez *Chevau*.)

*Annehui*, — aujourd'hui.

*Annicheur*, *Annichonner*, — mauvais lecteur, annoner.

*Annoge*, — jeune bête à laine, ou bovine.

*Anottes*, — gesse tubéreuse (Bor., 531). (Voy. *Moinsines*, *Saignes*.)

*Anté* ✝, *super anté* ✝, *super anté té* ✝, — paroles magiques avec signes de croix pour guérir les entorses. (Voy. *Artout*.)

*Aœiller*. — (Voy. *Arœiller*.)

*Apchée*, — cadeau, friandise.

*Apenter* (*s'*), — s'épouvanter. (Voy. *Emeger*.)

---

1 Ecrivez *a-mau-jeter*, c'est-à-dire *jeter à mal* ; cet homme a *a-mau-jeté* sa fille, c'est-à-dire *il l'a jetée à mal* en la donnant à un mauvais mari.

2 Peut-être pour *amover*, du latin *amovere*.

3 C'est une prononciation négligée du mot *émolument*, venu immédiatement du latin.

4 Gens de bien, puisqu'il a pleu au bon Mercure de m'avoir restitué le parler, et que vous en vos affaires prenez bien tant le loisir de vouloir escouter de la cause d'un pauvre *animau* que je suis.          (BONAVENTURE DES PERRIERS. )

*Apicrais*, — terme de pêche; lot ou gratification de poisson.

*Apidançant*, *Apitançant*, — appétissant; un mets est *apitançant* quand il fait manger beaucoup de pain. (Voy. *Pidance*.)

*Apitancer (s')*, — être sobre, ménager sa pitance.

*Apleter*, *Apletant*, — qui abonde, qui avance, est avantageux. Se dit en fait de travail, de denrées. (V. *Eplette*.)

*Aplettes*, — instruments, outils, menue vaisselle.

*Apoëser*, — se dit du gibier qui s'abat dans un champ, sur une branche.

*Aporciné, ée*, — gras, grasse (comme un porc).

*Appamir (s')*, *Appamié*, — tomber en pamoison, en défaillance.

*Apparer*, — appareiller, égaliser.

*Appâter (s')*, — porter les aliments à sa bouche.

*Appenter*, — chagriner : c'est une affaire qui m'*appente bin*.

*Apport*, — assemblée de village.

*Appoué*, — posé.

*Appouer (s')*, — se poser.

*Appréhender* (sans régime direct), — s'inquiéter, avoir du souci.

*Aquillauder*, — polir, rendre poli, orner; *s'aquillauder*, — faire toilette. (Voy. *Quillaud*.)

*Aragne* [1], *Araigne*, — araignée. (Voy. *Iragne*.)

*Araignée* et *Patte d'araignée*, — nigelle des champs (Bor. 41).

*Araler*, — ébrancher, écorcher.

*Aramé (soulé)*, à soulé aramé; le soulé s'arame, — soleil qui se couche, qui est à l'horizon, dans le feuillage, la ramée, au soleil couché.

*Aramer*. — Un essaim d'abeilles s'arame, se fixe à une branche.

*Arampé*, — fatigué, éreinté, rompu, qui n'en peut plus.

*Araper*. — (Voy. *Agraper*.)

*Arbe* [2], — herbe.

*Arburon*, — partie supérieure d'un bas.

*Arcander*, — maltraiter, ruiner. On dit des animaux qu'ils sont *arcandés*.

*Arche*, — coffre à faire le pain ou à mettre le poisson, huche. (Voy. *Mêt*.)

---

[1]  Viendra jamais le temps que le harnois sera
Tout couvert des filets que l'*araigne* fera.

(Vauq. de la Fresnaye, *Art poétique*.)

Il n'est rien, dit l'*aragne*, aux cases qui me plaise.

. . . . . . . . . .

L'*aragne* cependant se campe en un lambris.

Changeons, ma sœur l'*aragne*.

(La Fontaine, *La Goutte et l'Araignée*, III, 8.)

[2] Est aussi permis, par la dite coustume à ung chacun de couper de l'*arbe*, d'iceux communaux, ou faire couper à la faucille, mais non mye à la faulx.

(*Ancienne coutume de Bourges*.)

*Arcoupter*, — recommencer une chose.

*Arde*, — morceau de bois droit et mobile, qui se place sur le côté d'une charrette pour retenir le chargement.

*Ardez*, — voyez! regardez!

*Ardoire* [1] (*vache*), — vache en chaleur. (V. *Boussoueille*, *Chassoueille*, *Soire*.)

*Ardrole*, — mésange, toute espèce de petits oiseaux; — enfant grêle et délicat.

*Aremberge*, — mercuriale annuelle (Bor., 1178).

*Argader*, *Arregarder* [2], — regarder.

*Armander*, — raccommoder des hardes.

*Arnauder*, — chercher noise, chercher dispute, maltraiter.

*Arœiller*, — regarder avec convoitise.

*Arœiller* (*s'*), *Arœillé* [3], — être gai, gaillard, bien éveillé (Voy. *Dérœiller*); — ouvrir les yeux tout grands. Enfant qui *s'arœille*, ouvre les yeux, sourit, reconnaît. C'est une *fumelle* (Voy. ce mot) *qui s'arœille bin*, c'est-à-dire qui a des yeux égrillards; elle a, dit-on, des yeux à la perdition de son âme.

*Aronces*. — (Voy. *Eronces*.)

*Aronçoire*, — planchette dentée appliquée au bordage d'un bateau pour appuyer la *lourde*. (Voyez ce mot, voyez aussi *Bornager*, *Bournager*.)

*Aronde*, *Arondelle* [4], — hirondelle.

---

1 Des vieux mots *arder*, *ardre*, brûler. On disait jadis par imprécation : *le feu saint Antoine vous arde!* La pucelle d'Orléans fut *arse* par les Anglais, dit un vieil historien. Nous sommes perdus et *ars*, dit Joinville (p. 68 de l'édit. in-12 de 1826); les barons vinrent *ardant* et destruyant d'une part; il meisme (lui-même) *ardoit* ses villes. (JOINV., *ibid.* p. 28.)

La Fontaine dit du paysan qui avait offensé son seigneur, et à qui celui-ci voulait faire manger trente aulx sans boire :

> Bref, il en fut à grand' peine au douzième,
> Que s'écriant : Haro! la gorge m'*ard*,
> Tôt! tôt! dit-il, que l'on m'apporte à boire.
>           (*Contes*, t. 1, p. 38, édit. stéréot.)

2 L'un des beaux qui fust été veu à la cour longtemps estant allé à la cour, fût *arregardé* de si bon œil, etc.       (BRANTÔME, *Dames galantes*.)

Car parmi les grands, on n'*arregarde* pas à ces reigles et scrupules. (*Ibid.*)

3 Dérivé du mot *œil*.

4 « Vien, le dieu Pan, vien, plus tôt que l'*aronde*. »       (MAROT.)

Eau d'*arondelle* : prenez *arondelles* et les desséchez au four; faites-en poudre, mêlez-les avec bien peu de castereau et bien peu de vinaigre; distillez le tout. Cette eau guérit le haut-mal si on en boit par quatre matinées.       (LIÉBAULT, *Maison rustique*.)

> Ils feront comme fait l'étraugère *arondelle*
> Qui vient avecques nous en la saison nouvelle,

*Arrachit* [1], — arracha (prétérit du verbe arracher).

*Arranger une fille*, — la caresser.

*Arrayer*, — arranger, mettre en ordre.

*Arrêt de nuit*, — crépuscule du soir.

*Arrius*, — embarras.

*Arrider* [2], — flatter de la main en souriant.

*Arrié*, — aussi, particule explétive (*enim verò* des latins).

*Arriot* [3], — araire, charrue sans avant-train.

*Arrivages*, — légumes pour le pot au feu.

*Arrivé*, — récolté : ce foin a été bien *arrivé*.

*Arriver*, — assaisonner : *arriver* le pot au feu, — y mettre les légumes.

*Arrouser* [4], — arroser.

*Arsier*, — sieste ; temps que les bestiaux restent à l'étable pendant la chaleur du jour.

*Arsoir* [5], — hier au soir. (Voy. *A soir*.)

*Arsouille*, — terme de mépris.

*Artichaut sauvage*, — joubarbe des toits (Bor., 317).

*Artifailles*, — embonpoint qui manque de soutien.

*Artout* [6], — orteil.

*A soir*. — (Voy. *Arsoir*.)

*Asordir*, — assourdir, rendre sourd.

*Aspijare*, — pie-grièche.

*Assaboui*, — assourdi, étourdi.

*Assabouir*, — assourdir, étourdir par un bruit ou des coups.

*Assatre*, — personne qui digère mal ; — chose indigeste.

*Assaisonné*, — cultivé en saison propre.

*Assayer* [7], — essayer.

*Asségoué*, *Asségouère*, — trou à faire rouir le chanvre.

*Assiéger une haie*, *une boucheture*, — l'écraser. (Voy. *Ecrasée*.)

---

Puis quand l'hyver facheux arrive aux rudes jours,

Elle quitte nostre air, nos foyers et nos terres. (Vauq. de la Fresnaye.)

Attendant mieulx à la prochaine venue des *arondelles*. (Rab. *Pantag.*, prol. du liv. V.)

1 Voici ce qu'il me fallait. C'est arbre me servira de bourdon et de lance, et l'*arrachit* facilement de terre et en osta les rameaux.     (Rabelais, *Garg.* I, 35.)

2 Du latin *arridere*.

3 Du latin *aratrum*.

4 Car voulant ces arbres estre souvent *arrousez*, si l'eau restoit en haut et *devaloit* aux racines, ils en deviendroient malades et peu à peu termineroient.

(Liébault, *Maison rustique.*)

5 « Mais quand je la revis *arsoir*,

» Toute seule en un coin s'asseoir. »     (Saint-Gelais.)

6 En même temps que le guérisseur d'entorses prononce les redoutables paroles : *anté, super anté et super anté té*, il fait avec l'*artout* du pied gauche trois signes de croix sur la partie malade.

7 Croyez m'en qui m'en voudra croire,

Qu'il fait bon de tout *assayer*.

*Assiéser, Assiéter (s')* [1], — asseoir. (Voy. *Siéger*.)

*Assillages*, — agrès de charrue.

*Assitoi* [2], — meuble ou lieu propre à s'asseoir.

*Assouriller*, — écouter attentivement. (V. *Essouriller*.)

*Asté*, — sécheresse.

*Ast' heure* [3], — à cette heure.

*Asticoter*, — taquiner.

*Astigoller*, — pousser rigoureusement une affaire, une tâche.

*Atelon*, — étalon.

*Attifiaux* ou *Attifoniaux*, — ornements de rubans, de dentelles.

*Attolée*, — repas long et prolongé.

*Attrapi-qu'attrapa* [4], — trompeur trompé.

*Attry*, — tort, dégât : causer de l'*attry*, du dommage à quelqu'un dans ses biens.

*Aubépin*,—aubépine (Bor., 412).

*Aubifoin*, — centaurée bleuet (Bor., 772).

*Aubour*, — aubier du bois.

*Aubrelle* [5], — peuplier, saule. (Bor., 1026 et suiv.)

*Auliser*, — jeter son dévolu sur une chose qu'on aperçoit le premier.

*Aulu!* — défense; expression des enfants lorsqu'ils jouent à cache-cache.

*Aumônier*, — bienfaisant.

*Auner les aubertas*, — expression employée par les enfants qui jouent à la *chique* (Voy. ce mot), et par laquelle ils demandent la faculté d'ôter les fétus ou obstacles qui peuvent se trouver entre une *chique* et une autre.

*Avaller* [6], — faire tomber.

*Aveindre*, — atteindre.

*Aveniot*, — crochet de pêche, balance pour prendre les écrevisses.

*Avents (les)*, — l'Avent, le temps qui précède Noël.

*Averon*, — avoine folle (Bor. 1501).

*Aveugler*, — se prononce *aveuiller* (Voy. l'observation sur le mot *Glener*).

*Aveuille-goute (à l')*, — à l'aveuglette, sans y voir clair. (Voy. *Aveugler*.)

*Avier*, — donner son lait : cette vache a un grand défaut, elle ne veut pas *avier*.

*Avis, m'est avis* [7], — je suis d'avis.

---

1 *Assisons* nous sur cette molle couche.      (Ronsard.)

2 Contraction des mots *assieds-toi*.

3 Je ne parleray point à *st'heure* que des filles. (Brantôme, *Dames galantes*.)

Ai-je commencé dès *ast'heure*. (*Ibid.*) — Montaigne écrit *asteure, asture*. (*Voy.* l'édit. stéréot. in-12, t. I, p. 10.)

4 Contraction de *attrapé qui attrapa*.

5 Voyez le couplet rapporté dans la note du mot *Plaisant*.

6 « Jusqu'à ce qu'un homme de cheval l'alla saisir au corps, et l'*avalla* par terre.      (Montaigne, liv. III, ch. 6, à la fin.)

7 De nos barons que vos *est-il avis?* (Comte de Bar, *sur sa captivité*, XII⁺ siècle.)

# B

Babou, — coquelicot.

Bacul [1], — croupière.

Bader, — ouvrir.

Badrée, — marmelade.

Bafuter, — dédaigner, déprécier, rejeter avec dédain, faire fi; — soupçonner, douter de la probité, de la capacité de quelqu'un. (V. Baufuter.)

Bagoul, — beau parlage, bavardage, jactance. (V. Bagout.)

Bagoulaut, — bavard.

Bagouler, — bavarder, déraisonner.

Bagout. — (Voy Bagoul.)

Bague, — retroussis de cotte de robe.

Bail, — domaine affermé.

Bailler, — donner.

Bâiller, — être stupéfait: il en bâille.

Bâiller, Bâille-bec; — ouvrir la bouche avec étonnement; — bouche béante.

Balai de silence, — roseau commun (Bon., 1531).

Balaissier, — marchand de balais.

Balaitière, — champ de genets à balais. — Nom d'un champ près St.-Germain-sur-Aubois (Cher).

Balantrain, — ménage.

Balasse, — sac rempli de paille d'avoine pour les lits d'enfants.

Balin, — sac en toile sur lequel on couche les petits enfants; — nuage léger.

Bâlotte, — digitale pourprée (Bon., 1025.) (Voy. Toquots.)

Balvauder, — tourner autour de la maison, regarder l'ouvrage et ne rien faire.

Bancelle, — petit banc.

Banchée, — se dit d'une fille dont les bans ont été publiés.

Bangon, — bandeau placé le long des joues, quand on a mal aux dents et aux oreilles; se dit aussi d'une maladie de gorge des moutons.

Bangonner, — mettre un bangon.

Bangonné, — qui porte un bangon.

Barbaris, — viorne mancienne (Bon., 629).

Barbetoup, — localité sur la route de la Charité à Pougues (Nièvre).

Barbotiaux, — franges, ornements: Oh! qu' t'as donc des barbotiaux! — c'est-à-dire: que tu es parée!

Barbottiau, — celui qui se mêle des affaires de ménage. (Voy. Tête-au-pot.)

Barbouillée, — marmelade de fruits.

Barrer [2], — fermer: barrer la porte; barrer quelqu'un, l'entraver dans sa marche, au propre et au figuré.

Barré, Barrée, — bœuf, vache marqués de lignes bigarrées.

---

[1] Tu travailles journellement beaucoup, je l'aperçois à l'usure de ton bacul.
(Rabelais, Pantag. V, 7.)

[2] Disent que je suis fou, qu'il y fait dangereux,
Emportent la chandelle et barrent l'huis sur eux.     (St.-Amant.)

*Bassie* [1], — tablette ou pierre d'un évier de cuisine.

*Bassin ( clair )*, — renoncule âcre (Bor., 25).

*Bateleux*, — bateleur, arracheur de dents; saltimbanque.

*Batte-de-pluie*, — averse.

*Baucheton*, — bûcheron.

*Bauchetonner*, — abattre du bois.

*Baudeau*, *Baudiche*, — veau, génisse.

*Baudru* [2], — ventru; se dit principalement des bêtes à cornes, quelquefois aussi de l'espèce humaine; et de là le mot français *baudruche*, pellicule de boyau de bœuf. (Voy. *Soie*.)

*Baufuter*. — (Voy. *Bafuter*.)

*Bauyer*, — mesurer; se dit des distances.

*Baulins*, — layette d'un enfant.

*Bavaloise*, — pont d'une culotte.

*Bavette*, *Bavière*, — pièce de l'habillement des femmes, qui se met sur la poitrine.

*Bayer*, — crier, aboyer. (Voy. *Abayer*.)

*Bazin*, — benet, niais.

*Begat*, — petit-lait; il signifie aussi ce que rendent les petits enfants après avoir tété.

*Begauder*, — rendre du begat.

*Bégeau*, — lait que donnent les vaches les premiers jours après la délivrance.

*Belle au coffre*, — se dit d'une fille à marier dont la dot s'élève à cent écus au moins.

*Bellement* [3], — doucement, halte-là.

*Ben*, — bien.

*Benaiseté*, — aise, contentement, satisfaction.

*Benaton*, — panier à mettre des fruits, sorte de mesure.

*Benoistier* [4], — benitier. (Voy. *Bernaclier*.)

*Benoîtier*, — corbeille.

*Beniot*, — panier sur un cheval.

*Benne*, — corbeille.

*Berdin*, — simple d'esprit, niais; — badinage, niaiserie.

*Berdon*, — flûte.

*Berdoire*, — mauvais pas causé par de la boue.

*Bergère (gants de)*. — (V. *Bâlote*.)

*Berlaiser*, *Berlasser*, — s'amuser à des riens. (Voy. *Berlauder*.)

---

1 Les esgouts apportent aussi beaucoup d'incommodités, soit de *bassie*, par l'immondice, soit d'eschinaud ou de couverture.

            (Mauduit, sur l'art. 2 du titre XI de la *Coutume du Berry*.)

2 Cette difformité est assez commune dans certaines parties du Berry où l'eau est mauvaise.

        3 Un bourgeois i avait manant (demeurant)

           Qui de rien vivait *bellement*.

               (Durand, *Conte des trois bossus*.)

4 Que parmy la dite pouldre il a meslé de la feuille d'aulne broyée et cueillie la vigile de saint Jean-Baptiste, qu'il a faict *benistre* un dimanche, la mettant près du *benoistier* lorsque le prestre vouloit bénir l'eau.

          (J. Chenu, bailli de Brecy. *Recueil d'arrêts;* — *Procès des sorciers*.)

          Et un *benoistier* n'oublieras

          Près du lit tant bien advenant.        (Etienne Forcadel.)

Berlaud, — niais, musard. (Voy. Berlaudin.)

Berlauder. — (Voy. Berlaiser.)

Berlaudin. — (Voy. Berlaud.)

Berlié. — (Voy. Berlué.)

Berlin, — insecte qui se tient dans la laine des moutons.

Berlines, Berlins, — idées de travers, humeurs noires.

Berlot, — le coup de l'étrier, — le meilleur morceau.

Berlu, — louche.

Berlu-berlu, — troc pour troc en parlant d'échange sans retour.

Berlué, — repas que les bergers font en commun dans les champs, à Pâques. (V. Berlié.)

Berluter, — éblouir, chatoyer.

Bernaclier. — (Voy. Benoistier.)

Berné, [1], — en parlant de quelqu'un qui est dans l'embarras de mauvaises affaires ou dans l'ordure. (Voy. Emberné.)

Berniques, — besicles, lunettes.

Berrichon, — habitant du Berry; dans le style noble, on dit Berruyer (bituricensis). (Voy. Nivernichon, Bourbonichon.)

Berrouasse (il), — il tombe une pluie fine. (Voyez Brouasse.)

Berrouée, — pluie fine, bruine, brouée.

Besace (la), — localité près de Charenton (Cher); il y en a une autre du même nom près de Cluys (Indre).

Besoignes, — hardes, effets.

Besse [2], — béche.

Besser, — bêcher.

Bestial, Bestiau [3], — bétail. Au pluriel, des bestials. (Voy. Chevau.)

Bête asine, — ânc, ânesse. — J'ous, sous vot' respect, une petite bête asine.

Bethléem, — faubourg de Clamecy (Nièvre).

Beugeon, — musard.

Beugne, — bosse, enflure à la tête. — (Voy. Bigne.)

Beugnon, — beignet.

Beurrée, — petit lait.

Beurte, — souche de vigne.

Beuteleux, — minutieux.

Beuver ou Beuvre, Beuvait (il), Beuvant, Beuvons [4], — boire, il buvait, buvant, buvons. (Voy. Boivons.)

---

1 C'est une transposition de lettres, pour brené, embrené.

2 Voy. Théâtre d'Agriculture d'Olivier de Serres.

3 De là est venu le proverbe en Berry entre nos paysans, lesquels, quand ils veulent signifier être ensorcelés, disent qu'ils sont mauveux; c'est-à-dire qu'ils ont été mal veus d'un mauvais regard et leur bestial par les bergers sorciers et guenaus que l'on appelle au pays et desquels le nombre est grand.... Dieu les veuille amender et ceux qui s'en aydent en la garde de leurs bestials qu'ils payent enfin.

(J. Chenu, Procès des Sorciers. Voy. Benoistier.)

4 De cette fontaine beuvrez.      (Roman de la Rose.)

Et parce que la traicte n'était pas trop longue, ils arrivèrent de bonne heure au logis là où ils se rafreschirent en beuvant, et beurent en se rafreschissant.

(Bonaventure des Perriers, Contes et Nouvelles. — Nouvelle 29.)

Lui qui beuvoit du meilleux et du plus cher.      (Villon, p. 61.)

Là tout le camp qui le suivait
Beuvait sans fin et rebeuvait.      (Amadis Jamyn.)

*Biau* [1], — beau.

*Biaude* [2], — blouse ( vête-

ment). ( Voy. *Boulière*. )

*Biauté* [3], — beauté.

---

Ton mal donc en chantant et en *beuvant* soulage.     ( AMADIS JAMYN. )

Au haut de la rue d'Auron, à Bourges, coulait une fontaine à vin dont les passants puisant le vin *beuvaient* à la santé de leurs altesses.

( LATHAUMASSIÈRE, *Hist. du Berry.* )

Raillons, gaudissons, *beuvons* d'autant.     ( RABELAIS. )

*Beuvons* de grâce, vous n'en cracherez bientôt que mieux.     ( *Ibid.* )

> Pour nombrer les vertus d'un moine,
> Il faut qu'ils soit ord et grumand,
> Paresseux, paillard, mol, idoine,
> Fol, lourd, ivrogne et peu savant,
> Qu'il se crève à table en *beuvant*
> Et en mangeant comme un purceau :
> Pourvu qu'il sache un peu de chant
> C'est assez, il est bon et beau.

( HENRI ESTIENNE, *Apol. pour Hérodote*, ch. 20, n° 4. )

Aulcuns demeurans *beuvans* et mangeans ensemble ne sont pourtant ungs des communaux en biens.     ( *Coutumes de Bourges.* )

Voyez la notice de M. Dupin, député de la Nièvre, sur les Jaults et autres communautés de familles qui subsistent encore dans ce département : elles étaient aussi assez nombreuses en Berry.

1   Il est *biau*, et je suis *gente*.     ( *La lui de la dame de Fayel.* )
> Robes, deniers et de joyaux,
> Les plus riches et les plus *biaux*.     ( RUTEBEUF. )

2   J'aime mieux voir la belle taille
> Sous la *biaude* qui lui baille
> Cent fois mieux façonné son corps
> Q'une robbe si resserrée
> Qui par la contrainte forcée
> Fait jeter l'espaule dehors.

(Pièce de vers recueillie par Etienne Tabourot, au chapitre 3 du 4ᵉ livre des Bigarrures du Seigneur Desaccords. )

3 Le comte (Thibault de Champagne) regarda la royne ( Blanche, mère de Saint-Louis), qui était sage et tant belle, que de la grand *biauté* d'elle fut tout esbahi.

( *Chroniques de Saint-Denis.* )

> Simple, courtoise, pieuse et sage,
> N'était ireuse (colère) ne sauvage,
> Mais sa bonté, sa loiauté
> Passait cortoisie et *biauté*.

( RUTEBEUF, *du secrestaire et de la femme au chevalier.* )

> Ke vaut *biautés*, ke vaut rikece?
> Ke vaut honors, ke vaut hautece?     ( THIBAULT DE MARLY. )

*Biber* un œuf, — l'avaler tout cru.

*Bibette*, — bluette, étincelle. (Voy. *Biottes*.)

*Bibi*, — imbécile, benêt.

*Bibure*, — liquide prêt à être versé.

*Bicêtre*, — enfant vif, bruyant.

*Bidaillon*, — mauvais petit bidet.

*Bide*, — vieille brebis.

*Bien*, — ce mot entre dans les deux expressions : *mais que bien*, et *plus que bien*, qui ont un sens contraire. *Mais que bien* signifie *mal* [1], et *plus que bien* veut dire *très-bien*.

*Biger*, — baiser.

*Bigne* [2], — bosse à la tête.

*Bigouline*, — rigole.

*Billon*, — terme de labourage, à dos de terre relevé entre deux sillons.

*Bine*, *Binoche*, — dinde femelle, poule d'Inde. (Voy. *Dine*.)

*Binon*, — dindon.

*Biotte*. — (Voy. *Bibette*.)

*Biqueron*, — extrémité d'un vase, goulot.

*Birette*, — loup garou.

*Bisquer*, — être contrarié.

*Blette* [3], — bette commune, poirée, carde (Bon., 1122).

*Blondiau*, — bœuf d'un bai clair.

*Blosse*, — blette, se dit d'une poire trop mûre.

*Bodonne*, — vache.

*Body*, — veau.

*Bœuf villé, viollé* [4], — bœuf gras, promené par la ville au son des instruments, de la vielle.

*Bœuf* (*langue de*), — vipérine commune (Bon., 890). (Voy. *Bourrache bâtarde*.)

*Boiqual*, — le culot, dernier de la nichée. (Voy. *Bouscoux, Caillaux, Chacrot, Chauculon*.)

*Boique*, — duvet des petits oiseaux.

*Boire*, — mare.

*Boirie*, — bouverie, étable à bœuf.

*Bois*, — ce mot entre dans plusieurs noms composés de plantes : — *Bois-joli*, — prunier à grappes (Bon., 371); — *Bois punais*; — *Bois sanguin*, — cornouiller sanguin (Bon., 548); — *Bois sent bon*, — myrica galé (Bon., 1191).

*Boisselée*, — étendue de terre variable de 1/8 à 1/12 de l'hectare.

*Boiterie* [5], — action de boiter.

*Boitte*, — boisson faite avec des fruits, piquette.

---

1 Ce sens, tout-à-fait singulier, indique peut-être que *mais* devrait être écrit *mès* : la particule *mé*, *mès* en composition signifie *mal* : *mépriser, mésoffrir, mésestimer*, etc.; *mès que bien* signifierait alors *plus mal que bien*, c'est-à-dire *mal*.

2    Comme un homme qui chancelle et trépigne,
     L'ay vu souvent quand il s'allait coucher,
     Et une fois il se fit une *bigne*
     (Bien m'en souvient) à l'étal d'un boucher.       (Villon.)

3 Septitrien riche entre tous les marchans ne mange rien sinon *bletes* et raves.
                                   (B. Aneau.)

4 « Et attendu que la vache à notre cousin Bouzique est la plus grasse, l'avons déclarée *bœuf villé*. »    (*Arrêté très-connu d'un ancien Maire de Dun-le-Roy, Cher.*)

5 Ce mot est employé dans le langage légal. La vieille *boiterie* est un cas redhibitoire.

*Boivons* [1], — buvons. ( Voy. *Beuver* ou *Beuvre*. )

*Bonbon noir,* — morelle noire (Bor., 1002 ).

*Bonjour,* — visière : le *bonjour* d'une casquette. (Voy. *Rebuffière*.)

*Bonner, Bonnage* [2], — borner, bornage.

*Bonnes gens* [3]! — exclamation ayant le sens d'hélas! mon ami! que voulez-vous?

*Bonnet carré,* — fusain d'Europe (Bor., 546). (Voy. *Vricle*.)

*Bonnette,* — coiffure de femme, capuchon en futaine. (Voy. *Bounette*, *Capiche*. )

*Borce,* — bourse. (Voy. *Denrée*.)

*Borderie,* — petite exploitation rurale.

*Bornage,* — bordage du bateau.

*Bornager,* — terme de marinier : appuyer la *bourde* contre le bordage dentelé du bateau pour le faire dériver. (Voy. *Aronçoire*, *Bournager*. )

*Bornais,* — ruche d'abeilles.

*Boucan,* — noise, querelle : il a fait *boucan*, il y a du *boucan*.

*Bouchure,* — haie, boucheture. (On dit plus souvent *boucheture*, qui est dans le Dictionnaire de l'Académie. )

*Boudru,* — ventru.

*Bouffer* [4], — bouder; — manger beaucoup et salement; — souffler : le vent *bouffe*.

*Bouffoi,* *Bouffouet,* — soufflet.

*Bougonné,* — mal travaillé, fait en bougonnant, en rechignant : ouvrage *bougonné*.

*Bouillard,* — peuplier noir. (Bor., 1210.)

*Bouillets,* — petits tonneaux portés par un âne, en manière de mannequins pour le transport de l'eau, de la vendange, etc.

*Bouillot,* — petit panier.

*Bouinotte,* — trou, ou petit passage de forme ronde; petite fenêtre.

---

1 Boivons les ondes sacrées
Consacrées
Au Dieu qui nous poinct le cœur.    ( Ronsard. )

Du bon Rabelais qui *boivoit*
Toujours cependant qu'il vivoit.    ( Id. )

2 Toutes gens qui requièrent le *bonnage* le doivent avoir, et bien peuvent les parties si elles s'accordent *bonner* leur justiche.    (Phil. Beaumanoir, ch. 3o. )

3 Est toujours accompagné d'un mouvement d'épaules comme le *ma! che volets* des Italiens. — *Bonnes gens* désignait autrefois les gens notables; c'était le nom que les ecclésiastiques et les nobles donnaient aux riches bourgeois des villes, qu'ils appelaient aussi par reconnaissance *nobles bourgeois*. *Bonnes gens* est donc à la fois une exclamation et une formule d'amitié. C'est le *bin amé* du pays Wallon.

4 Des vents impétueux qui se *bouffent* si fort,
Qu'à peine l'univers résiste à leur effort.    ( Ronsard. )

*Bouis* [1], — buis. (Bor., 1161.)

*Boulager*, *Boulayer*, *Bouler*, — soulever la terre en fouillant; se dit des taupes; — mêler, mélanger : ces bergers ont *boulé* leurs ouailles, mêlé leurs brebis; — remuer en mélangeant : on *boulaye* du sable et de la chaux pour en faire du mortier.

*Boulaise (terre)*.—(Voy. *Bouloire*.)

*Boulé*, — gonflé, malade;— cuit sur des charbons ardents.

*Bouloche*, — rotondité.

*Bouloire* et *Bouloise (terre)*, — terre argileuse froide, où la magnésie domine. (Voy. *Boulaise*.)

*Boulue*. — (Voy. *Anottes*.)

*Bounette*. — (Voy. *Bonnette*.)

*Bouraille*, — crotte.

*Bourailles*, — dépôt de bourrées, de fagots.

*Bourasse*, — couches pour emmaillotter les enfants.

*Bourharde*, — guimbarde.

*Bourbonnichon*, — habitant du Bourbonnais. — Dans le style noble on dit *Bourbonnais* [2]. (Voy. *Nivernichon*.)

*Bourde*, — bâton ferré des mariniers. (Voy. *Retrou*.)

*Bourdir*, — rester dans un mauvais pas, ne pouvoir plus avancer : ce charretier, ce cheval ont *bourdi*. — Au figuré: manquer; cette affaire a *bourdi*.

*Bourg* [3], — toute agglomération d'habitations ayant un clocher.

*Bourgeons*, — débris de la tonte des laines.

*Bournager*. — (Voy. *Bornager*.)

*Bourrache bâtarde*, — buglosse d'Italie (Bor., 900).

*Bourrasse*, — maillot.

*Bourre (en)*, — en grume, brut; se dit aussi des bestiaux vendus vivants.

---

1 Ne défaut au *bouis* que la bonne senteur pour estre du tout qualifié.

(OLIVIER DE SERRES, *Théâtre d'Agriculture*.)

Ainsi nos vieux français usaient de leur rebec,

De la flûte de *bouis* et du bedou avec,

Quand ils représentaient leurs moralités belles.

(VAUQ. DE LA FRESNAYE, *Art poétique*.)

2 On voit ici combien est mauvaise la terminaison *iste* que quelques personnes donnent au nom des Nivernais, en disant *Nivernistes*. Les *Bourbonnistes* n'ont jamais été les habitants du Bourbonnais, mais les partisans des Bourbons, à une époque où leur nom était proscrit en France. Les *Nivernistes* seraient de même, si l'on suivait la logique du langage, les partisans d'un duc de Nevers.

3 Voy. Introduction, page xiij. — A peine une mince fumée bleue, venant à tremblotter derrière le feuillage, lui annoncerait le voisinage d'un toit de chaume, et s'il apercevait derrière les noyers de la colline la flèche d'une petite église, au bout de quelques pas il découvrirait une campanille de tuiles rongées par la mousse, douze maisonnettes éparses entourées de leurs vergers et de leurs chenevières, un ruisseau, avec son pont formé de trois soliveaux, un cimetière d'un arpent carré fermé par une haie vive, quatre ormeaux en quinconce et une tour ruinée. C'est ce qu'on appelle un *bourg* dans le pays.          (G. SAND, *Valentine*, t. I, ch. 1re.)

*Bourre - coquins*, — haricots. (Bor., 540.)

*Bourrin*, — mauvais petit taureau (Voy. *Tauraille*, *Taurin*), et par extension, enfant mal venant.

*Bourriner*, — faire un travail inutile et de peu d'importance.

*Bourrique (faire tourner en)*, — faire perdre la tête.

*Bourru*, — ânon ou âne mâle, à cause de leur poil bourru. — *Vin bourru*, — vin nouveau, non éclairci.

*Bourse - plate*, — nom d'un domaine près du Coupoy (Cher).

*Bouscoux*. — (Voy. *Caillaux*.)

*Bousson*, — tas de foin.

*Boussoueille*, — se dit d'une chèvre en chaleur.

*Boussouer*, — bouc, étalon.

*Boustat* (terme de forges), — petit lingot de fonte. (Voy. *Gueuse*.)

*Bout-à-bout-là*. — (Voy. *Bout-ci*, *Bout-là*.)

*Boutanfle* ¹, — vessie.

*Bout-ci*, *Bout-là* ², — pêle-mêle.

*Bout (de) en bout*, — d'un bout à l'autre.

*Bouté*, — se dit non-seulement du vin, mais aussi du bois qui a éprouvé un commencement de décomposition. (V. *Couti*.)

*Bouter* ³, — mettre, jeter.

*Bouteriau*, — grand panier. (Voy. *Bouterolle*.)

*Bouterolle*, — panier d'osier de forme globuleuse, dépourvu d'anse, et dont l'ouverture circulaire permet à peine d'introduire la main; on s'en sert pour conserver les provisions de fruits secs, noix, pruneaux, etc.; — bouilloire, coquemar.

*Bouteroue* ⁴, — borne au coin ou le long des rues.

*Bouteur*, *Bouteux*, — qui met, qui propage : *bouteux de feu*, *de choléra*, gens soupçonnés de mettre le feu, de propager le choléra.

*Boutiffe*, — cloche à la peau produite par une brûlure, bulle. (Voy. *Boyolle*.)

---

1 Ecrivez *boute-enfle*, c'est-à-dire *boute-souffle* ; ce mot est composé comme *boute-feu*, *boute-roue*, et une multitude d'autres noms très-français ; en effet, lorsque les enfants veulent enfler une vessie, ils y *boutent* un tuyau en soufflant dedans.

2 Expression analogue à *sens dessus dessous*.

3 Certes, l'on dit, et je le crois,
  Que c'est chose de grand mérite,
  Si quelcun sa liberté quitte
  Et en tel servage se *boute*
  De son gré.
      (Marot, *Traduction du second colloque d'Erasme*.)

4 Dans une ordonnance du bureau des finances de Bourges, en date du 12 juin 1782, on lit que les maires, les échevins avaient la prétention d'être reconnus juges, concernant les alignements des maisons, édifices, étaux, auvents, toicts, *boute-roues*, avances et autres choses.

*Bouzin*, — grand bruit de gens ivres, — mauvais lieu.

*Boyer*, — bouvier.

*Boyerie*, — bouverie.

*Boyolle*. — ( Voy. *Boutiffe*. )

*Boyron*, — garçon qui suit la charrue en aiguillonnant les bœufs. ( Voy. *Chartillon*. )

*Bragne*, — objet cassant, fragile ; — femme *bragne*, femme stérile.

*Braignes*. — (Voy. *Brègnes*.)

*Brailler*, — crier.

*Brame-pain*, — qui crie la faim, où il n'y a pas de quoi manger ; — nom d'un domaine près Pougues (Nièvre) ; — localité auprès de Marseille-lez-Aubigny (Cher).

*Brament*, — bravement, bien.

*Bramer*, — cri du cerf ; se dit du mugissement des autres animaux ; — crier, se lamenter.

*Branche (mouton qui a de la)*, — mouton qui a les membres forts.

*Branciller (se)*, — branler, remuer.

*Brancilloire*, — escarpolette, balançoire.

*Brande*, — bruyère à balais (Bor., 858). (Voy. *Brumaille*. )

*Brandelons*, — brandons : le dimanche des *brandelons*, premier dimanche du carême.

*Brandi*, *tout brandi* [1], — tout de go, tout entier.

*Brandin (cheval)*, — cheval élevé dans un pays de *brandes*, de bruyères.

*Brandonner (se)*, — se balancer. (Voy. *Branciller*. )

*Branle*, — danse villageoise. ( Voy. *Chamaillade*. )

*Branler dans ses habits*, — dépérissement d'un homme qui marche à sa fin. ( Voy. *Fuyent*. )

*Brave*, — se dit d'un beau garçon, d'une belle fille, et pour désigner une personne qui a de beaux habits ; — fort, bien conditionné : il s'est donné une *brave beugne*.

*Brayer*, — briser, casser.

*Brebis (oseille de)*, — petite oseille (Bor., 1138). — *Brebis (pois de)*. — (Voy. *Pois carré*.)

*Bredasser*, — faire un bruit incommode en remuant quelque chose.

*Brègnes* [2], — hardes, vêtements.

*Brenoulerie*, — ficaire renoncule (Bor., 35).

*Bresilles*, *Bretilles*, — menus morceaux de bois.

*Breussier*, — ouvrier qui travaille le chanvre. (Voy. *Chambreux*, *Chanvreur*.)

*Bricolin*, — domestique de campagne, homme à tout.

*Bride-à-loup*, — localité près de Colombe (Indre). — *Bride-bœuf*, — autre près de Levroux (Indre).

*Brigander*, — faire le métier de brigand, voler à main armée, piller.

*Brindie (à la)*. — (Voy. *Brundie*.)

*Bringue*, — mauvais cheval.

*Bringues (en)*, — en morceaux, en miettes.

---

1 La vertu concoctrice de son estomach apte naturellement à moulins à vent tout *brandits*.      (RABELAIS, *Pantag.* IV, 17.)

2 Dér. de *braies*.

*Brinier,* — troène.

*Brinquins,* — brins de bois, copeaux, menus produits de l'élagage. (Voy. *Bresilles.*)

*Brion,* — homme évaporé.

*Brolet,* — branche chargée de fruits.

*Brosse (ça fait),* — contrariété, espérance déçue, affaire manquée.

*Brosses,* — bruyères : il y a beaucoup de localités appelées *les Brosses.*

*Brosser le ventre (se),* — se passer d'une chose.

*Brouasse (il)* [1], — il bruine, il tombe une pluie fine.

*Broute-biquette,* — chèvre-feuille des bois (Bon., 631).

*Bruit-aux-chats (le),* — localité près de Neuilly-en-Dun (Cher).

*Brule-cul,* — feu follet.

*Brumaille.* — (Voy. *Brande.*)

*Brundie (à la)* [2], — à la brune, crépuscule du soir. (Voy. *Brindie.*)

*Bûcher,* — frapper à coups de cognée ; — au figuré, rouer de coups.

*Bucheron (oseille de).* — (Voyez *Alleluia.*)

*Buée, Buie* [3], — lessive.

*Bujau,* — cuvier.

*Burau, Buraude,* — jaunâtre.

*Butin,* — bien, mobilier, richesse.

*Buye,* — vase en forme d'aiguière.

*By (mon),* — mon petit ami.

---

1 Par contraction de *il brouillasse,* et dérivé de *brouillard.*

2 Peut-être ce mot est-il formé de l'adjectif brun et de l'ancien mot français *di* dans le sens de jour (de *dies*); *au jour brun.* (Voy. *Cliardie.*)

3 Entendîmes un bruit strident et divers comme si fussent femmes lavant la *buée.*

(RABELAIS, *Pantagruel,* V, 31.)

# C

*Cabaèt*, — cabaret.

*Cabasson*, — boîte aux ordures; — espèce de stalle en planches, dans laquelle s'agenouillent les femmes qui lavent le linge sur le bord de l'eau.

*Cabin*, — chevreau. (V. *Chigot*.)

*Cabiner*, — se dit d'une chèvre qui met bas. (Voy. *Chigoter*.)

*Cachemite (jouer à la)*, — jouer à la main-chaude.

*Cacherole*, — cachette.

*Cachon*, — petite meule de foin, formée dans le pré.

*Cachotier*, — qui fait des cachotteries, qui fait mystère de tout.

*Cacouet*, — nuque. (V. *Caquoi*.)

*Cacquériau*, — cousin (insecte).

*Cacrotte*, — crâne.

*Cadet*, *Cadi*, *Cadichon*, *Cadichonneau*, *Cadichonet*, — garçon puiné et les suivants.

*Cadiche*, *Cadichonne*, *Cadoche*, — fille puinée et les suivantes.

*Cafard*, — punaise des bois.

*Caffe*, — impair.

*Cafignon*, — chausson.

*Caforgnau*, — cabinet fourre tout.

*Cagnaud*, *aude*, — papelard, caressant avec hypocrisie.

*Cagnio*, — petit polisson, gamin.

*Cahuer*, — huer.

*Caillaux*, — dernier né. (Voy. *Bouscoux*, *Boiquat*.)

*Caille*, — caillou.

*Caille*, *Caillu*, — ventre, ventru.

*Caille-morte*, — syncope.

*Caïmander*[1], — quêter, mendier.

*Calabre*, — cadavre.

*Calade*, — défi : faire *calade* à quelqu'un, le défier.

*Calaisser*, — poursuivre à coups de pierres.

*Calbasse (faire la)*, — faire la culbute.

*Calé*, — riche, aisé, bien vêtu.

*Caler*[2], — fuir, céder.

*Calibendo*, — jupon de dessous.

*Calinette*, — bonnet de femme qui se noue sous le menton.

*Calo*, *Calon*, — noix encore pourvue de son brou.

*Calonnier*, *Calognier*, — noyer.

*Camaud*, — penaud, humilié.

*Camboisser*, — cambrer, courber légèrement.

*Camot*, — tout honteux.

*Campaine*[3], — clochette qu'on suspend au cou des moutons.

*Campe (prendre la)*, — prendre avec chaleur le parti de quelqu'un; se dit aussi de celui qui, prenant un ton élevé, rabroue quelqu'un qui, au

---

1 Nos anciens appelèrent un homme *truand* qui allait mendier sa vie, et *truander* pour *caïmander*.        (ET. PASQUIER, *Recherches*, ch. 40.)

     Quand Telèphe et Pelé, bannis et *caïmandans*,

     S'efforcent d'émouvoir le cœur des regardans.

           (VAUQ. DE LA FRESNAYE, *Art poétique*.)

2 Cette superbe vertu eût-elle *calé* au plus fort de sa montre.

           (MONTAIGNE, *Essais*, III, 12.)

3 Du latin *campana*.

contraire, prétendait lui faire une mercuriale.

Canard (mon), — terme d'amitié appliqué aux enfants puinés. (Voy. Poulot.)

Canche, — mare.

Cancoises, — mauvaises raisons.

Cancre, — avare, usurier, vampire; — nom vulgaire donné aux terrassiers venus de l'Auvergne. (Voy. Piquant.)

Cancronner, — grogner, murmurer.

Cane [1], — cerveau fêlé.

Cani, — jeune canard. (V. Canon.)

Canillée, — lentille d'eau. (Bon., 1579 et suiv.)

Canne de jonc, — massette à larges feuilles (Bor., 1574).

Cannet, Cannette, — bonnet de femme, bonnet d'indienne, espèce de marmotte.

Cannetée. — (Voy. Canillée.)

Cannoire, — jambe d'une culotte.

Canon, — petit canard. (V. Cani.)

Canon, Canonier, — prunier de Sainte-Lucie (Bon., 370).

Canquoire, — hanneton.

Capiche, Capichon, Capot, — capuchon en étoffe de laine blanche que les femmes mettent sur leur bonnet, et qui couvre les épaules (Voy. Bonnette, Cayenne, Nantaise); — pelisse.

Capucin (barbe de). — (V. Bourse à Judas.)

Caquésie, — mal derrière le col.

Caquin, — œuf.

Caquoi, — nuque. (V. Cacouet.)

Carcagnolle, — mauvaise viande de boucherie.

Carcalou, — colimaçon.

Carcas, — carcasse, corps d'animal, charogne, carogne; — terme de mépris. (Voyez Carcon, Carée.)

Carcassé, — moulu, fatigué.

Carcon. — (Voy. Carcas.)

Carder [2], — avoir peur, se débattre; — s'en aller mourant; — poursuivre, mordre, tirailler. Se dit notamment des batteries entre les chiens : les autres chiens l'ont cardé. (Voy. Fougaler.)

Carée, Carne, Carnée. — (Voy. Carcas.)

Carnin, — jeune âne.

Carniot, — nuage noir.

Carruge, Carroir, Carrou, Carrouge, Carroy [3], — croisement de quatre chemins, carrefour. — Caroi (le), localité près de Transault (Indre). — Carrouge (le), localité à Courslez-Barres (Cher). (Voy. Loútier, Meneux de loups.)

Carrée (herbe), — scrophulaire aquatique (Bor., 1022).

Cartelée. — (Voy. Boisseke, Quartelée.)

Cartille, — parcelle.

Carzon, — petit cochon.

---

1 Nous disons en français dans le même sens : c'est une dinde, une buse, etc.

2 Métaphore venant sans doute de l'action de carder la laine.

3 Le malade qui a la fièvre fait cuire un œuf dans son urine, et le porte dans un carroir. Celui qui ramasse l'œuf attrape en même temps la fièvre, et le premier malade est guéri.

> Et ainsi triste et chaste s'en allait
> Par maint carroy, par maint canton et place.
> (MAROT, de l'Amour fugitif.)

*Cas (du)*, — du bien, de la denrée, marchandise.

*Casse*, — chaudière en fonte pour laver la vaisselle.

*Cassepot*, — domaine près Ménetou-Ratel (Cher).

*Cassine* [1], — mauvaise petite maison.

*Cataquoi*, — chignon de femme, queue et catogan d'homme.

*Catéchimier*, — catéchumène ; enfant qui va au catéchisme.

*Cathère (fièvre de)* [2], — fièvre quotidienne.

*Catin*, — poupée.

*Cautient*, — désagréable. (Voy. *Demengeux*.)

*Cautientise*, — malice, méchanceté. (Voy. *Quotientise*.)

*Cave*, — moineau.

*Cavereau*, — caveau.

*Cavernier* [3], — batteur en grange.

*Cavernière* [4] (se prononce souvent *cavarnière*), — celle qui donne à boire et à manger ; — femme chargée de préparer les repas dans les domaines.

*Caye, Cayu*, — ventre, ventru. (Voy. *Boudru*.)

*Cayenne*, — bonnet de femme, d'enfant, en étoffe piquée. (Voy. *Capiche*.)

*Céler*, — garder : ce *vaissiau* ne *cèle* pas *bin* l'eau.

*Celle de cheux nous*, — maîtresse de la maison.

*Celui de cheux nous*, — maître de la maison.

*Cenelle* [5], — fruit de l'aubépine (Bon., 412). (Voy. *Cinelle*.)

---

Qui a jamais dedans l'obscurité
D'une forest veuve de la clairté
Porté les piés ? Souvent il se devoye
Dans les *carroys* d'une trompeuse voye.    (AMADIS JAMYN.)

Carroy Marloup, commune de Bué, près Sancerre (Cher). La petite contrée de Bué, Menetou-Ratel et Verdigny, était autrefois renommée pour ses sorciers. La chronique maligne fait remonter ce fait à l'établissement dans le pays d'une horde de bohémiens mal convertis au christianisme.

On lit dans JEAN CHENU (*Quest. notables de droit ; procès des sorciers*) : Enquis en quel lieu se tint le sabat la dernière fois qu'il y fut, répondit que ce fut vers Billeron, à un *carroy* qu'est sur le chemin tendant aux *Aix*, paroisse de Sainte-Solange, justice de céans.

1 Du latin *casa*.

2 Pour *fièvre cathémérine* (du grec καθ' ήμέραν, de chaque jour).

3 Le supplément au dictionnaire de l'Académie donne le nom de *calvanier* à l'ouvrier qui arrange les gerbes dans la grange. Peut-être ce mot vient-il de *calce vannere*, vanner avec le talon ; l'ouvrier qui vanne du blé exécute en effet avec la jambe droite un mouvement qui se manifeste surtout par le haussement et l'abaissement du talon.

4 Ce mot paraît être une corruption de *tavernière*, celle qui tient une *taverne* (*taberna*).

5 Ne sai se ce seront *cenelles*.

Et seront vermeilles et belles
Avant que l'on ait moissonné.    (RUTEBEUF.)

*Cener, Sener* [1], — châtrer, couper un cochon; on dit *sener* une truie.

*Certain*, — sain, salubre.

*Chabouré*, — ébouriffé.

*Chabrotter*, — gratter avec la pointe d'un couteau.

*Chachouin*, — sournois. (Voy. *Sonais, Sornais, Soumard*.)

*Chacrot*, — le plus jeune des enfants. (Voy. *Boiquat*.)

*Chacun (un)* [2], — chacun, tous.

*Chaffré*, — quelqu'un dont le corps ou les vêtements sont délabrés.

*Chagnard*, — sournois, têtu, rechigné, difficile en affaires.

*Chagnat*, — bourbier.

*Châgne*, — chêne pédonculé (Bor., 1214).

*Chagner des dents*, — grincer des dents.

*Chagnon* [3], — chignon, nuque.

*Chaille, il ne m'en chaille*, — je ne m'en inquiète pas [4].

*Chairo*, — personne ou plante rabougrie.

*Chaisier*, — rempailleur de chaises.

*Chaitis* [5], — chétif. (Voy. *Ch'ti*.)

*Chalibaude*, — feu de chenevottes.

*Chalit*, — bois de lit.

*Challer*, — faire choix. — *Challer* [6], *Echaller des noix*, — les écaler.

*Chamaillade*, — danse du Bas-Berry et de la lisière de la Marche. (Voy. *Branle*.)

*Chambres hautes*, — premier étage.

*Chambreux*. — (Voy. *Breussier*,

---

1 Ce mot vient du grec χαίνω, couper. (Voy. Roquef., *Gloss*., mot *Cenner*.)

      Il faut que tant de moy tenez,

      Qu'ils ne sont chatrés ne *senez*.

     .  .  .  .  .  .  .  .

      Tout partout péres on les nomme,

      Et de fait maintes fois advient

      Que ce nom très-bien leur convient.      (Cl. Marot.)

Comment en venir? répond Pandrin, les veaux, les jeunes coqs et autres que j'ai *sennez*, en sont-ils morts?      (P. de la Rivey, *Nuit folle*, 2.)

2 Afin que par le moyen des bonnes prières publiques, particulièrement d'*ung chacun* de noz subiectz, etc. (Lettre de Henry IV aux maire et eschevins de Bourges, pour leur annoncer la naissance du Dauphin. 27 septembre 1601.)

3 Dérivé de *chignon*.

4 Dans le vieux français, on disait : *il ne m'en chaut*.

     5 Encore vault mielx toute voie

     Demorer en son pays

     Que aler, pauvres *chaitis*

     Là ou n'a solas ne joie.

         (Thibaut, comte de Champagne.)

6 Cependant les mestayers qui là auprès *challoyent* les noix.

       ( Rabelais. Voy. le Glossaire de cet auteur dans l'édition de Ledentu, 1837, p. 473.)

Chande, Chanvreux, Filandreux.)

Chambroller, — brandiller bras et jambes.

Chameiron, — tuf.

Chamenotte, — chenevotte.

Chami. — (Voy. Chandir, Channi.)

Champagne, — contrée plate du Berry, entre Sancerre et Nérondes (Cher).

Champelure [1], — cannelle de tonneau. (Voy. Dousi.)

Champis [2], — né dans les champs, enfant trouvé, abandonné, et par suite né hors du mariage; — gai, éveillé.

Chancrée herbe (à la), — géranion, herbe à Robert (Bon., 60).

Chande, — chanvre.

Chandir, — moisir, se dit aussi pour attendre. (Voy. Chami, Véri.)

Channi. — (Voy. Chami.)

Chante-pucelle, — localité près de Levroux (Indre). —Chante-

renard, —localité près de Lury (Cher).

Chanvrer, — ôter avec l'échanvroir les plus grosses chenevottes qui sont restées dans la filasse.

Chanvreur, Chanvreux, — ouvrier qui travaille le chanvre. (Voy. Breussier, Chambreux.)

Chapé, Chapée, Chapeille, — se dit des bêtes à corne marquées de blanc à la tête.

Chapitiau [3], — porche.

Chapotter, — bûcher, dégrossir une pièce de bois; — découper maladroitement.

Chaptuser, — couper menu.

Charabiat, — barbouilleur, homme qui ne se fait pas comprendre.

Charabiater, — tracasser, chicaner.

Charière, — passage pour une charrette, — barrière.

Charisson, —échalas. (Voy. Charnier et Crela.)

---

[1] Mot corrompu : il faut écrire et prononcer chante-pleure. C'est, dit Roquefort, dans son Dictionnaire étymologique, un arrosoir des jardiniers, à queue longue et étroite; ce nom vient des verbes chanter et pleurer; on appelle chant le bruit que fait l'eau de la chante-pleure, en sortant par ses petits trous, et les pleurs sont représentés par l'eau qu'elle répand. Cette explication convient mieux encore à la cannelle des tonneaux.

[2] Du latin è campis. Voy. le Glossaire du Rabelais publié en 1837 chez LEDENTU, p. 473. — C'est de ce mot que se sont formés champignon, champignonet, championnet; ce dernier nom, qui fut celui d'un de nos illustres généraux pendant la révolution, lui fut donné à cause de sa naissance. (Biogr. Univ. : mot Championnet.)

Le feu évesque de Valence, qui ne croyait point la transsubstantiation, qu'eut-il de voir son fils de champis, capitaine; de capitaine, prince souverain; de prince, poltron; de poltron, banny; de banny, maréchal; de maréchal, c..., et maréchal aussi c... que le maréchal Vulcain.          (D'AUBIGNÉ, Confess. de Sancy.)

[3] De chapiteau : par synecdoche, la partie est prise pour le tout; le couronnement du porche pour le porche même.

*Charmer,* — arrêter, ensorceler : *Charmer* le feu ; *Charmer* un essaim d'abeilles.

*Charne,* — charme, arbre. De là vient *Charnier.* (Voy. ce mot.)

*Charnier.* — (Voy. *Charisson.*)

*Charonneau,* — bacs de moyenne dimension pour le passage des rivières.

*Charpigneux,* — hargneux.

*Charrée,* — résidu des cendres de lessive. (Voy. *Cherrée.*)

*Charrié,* — drap de lessive.

*Charrière,* — bacs de grande dimension. (Voy. *Charonneau.*)

*Chârte,* — charrette à ridelles.

*Chartillon,* — charretier en second. (Voy. *Boyron.*)

*Charton,* ¹, — charretier. (Voy. *Cheretier.*)

*Châsse,* — bierre, cercueil.

*Chasse,* — renoncule rampante (Bor., 27).

*Chasse-pain,* — localité près de Boulleret (Cher). (Voy. *Brame-pain.*)

*Chassoueille,* — vache en chaleur. (Voy. *Boussoueille.*)

*Chassouer,* — taureau, étalon. (Voy. *Boussouer.*)

*Châtelet,* — dévidoir.

*Châtron,* — jeune bœuf nouvellement châtré.

*Chauculon,* — dernier enfant d'une nombreuse famille, le dernier d'une bande. (Voy. *Boiquat.*)

*Chaud,* — colère (adjectif).

*Chaud (la),* — la chaleur : il a attrapé *la chaud,* il a pris chaud.

*Chaud-refroidi,* — pleurésie.

*Chausses,* — bas.

*Chautiau,* — pain entamé, le contraire du mot français *Chanteau,* qui signifie morceau coupé d'un grand pain.

*Chavance, Chevance,* — deux localités près de Marré (Nièvre).

*Chavant,* — chat-huant.

*Chaver,* — chercher le poisson dans les *chaves.*

*Chaves,* — trous du rivage où se tiennent les écrevisses.

*Chavoche,* — femelle du chat-huant.

*Chavonner,* — se dit d'injures, de cris proférés par la foule contre une personne qui fuit.

*Chebris,* — chevreau.

*Cheiner,* — pleurer.

*Cheinte,* — terre en jachère renfermée par un trait de charrue.

*Chemie rond,* — blouse.

*Chemiette* ², — veste.

*Chenard,* — jeune chien. (Voy. *Chiou.*)

*Chêne Fy,* — chêne pubescent (Bor., 1216).

*Cheneau,* — gouttière, canal de

---

¹      . . . . Mais Jupiter la veu,

     Et lâchant de sa dextre une orrible tempête,

     Au malheureux *charton écrabouille* la téte.      (Ant. de Baïf.)

La Fontaine, *Fab.* VIII, 12, a dit :

     Le *charton* n'avait pas dessein

     De les mener voir Tabarin.

. . . . . . . . .

     Le *charton* dit au porc : Qu'as-tu tant à te plaindre ?

² Par contraction de *chemisette.*

bois qui reçoit les eaux d'un toit et les jette en bas.

*Chenillon*, — déguenillé.

*Chenu*, — fort, solide, riche, cossu : c'est du *chenu*, ce n'est pas de la petite bière.

*Chérant*, — qui vend cher sa marchandise.

*Chère-salée* (*moulin de*), — près de Sainte-Montaine (Cher.)

*Cheretier*, — charretier. — (Voy. *Charton*.) — *Cheretier de bat*, — conducteur de bêtes de somme.

*Cherrée*. — (Voy. *Charrée*.)

*Chesserau, Chesseron*. — (Voy. *Sécheron*.

*Chesseresse, Checherèche*, — sécheresse.

*Cheugner*, — blesser, donner un mauvais coup.

*Cheval* (*cresson de*), — véronique beccabunga (Bor., 1074).

*Chevaller*, — faire un chenal dans le sable d'une rivière.

*Chevau* (*un*), *Chevals* (*des*), — pour un cheval, des chevaux.

*Chevaux* (*herbe de*), — jusquiame noire (Bor., 1010).

*Cheveux de la Vierge*, — clématite des haies (Bor., 1).

*Chèvre*, — chevalet pour scier le bois.

*Chevrolle*, — taupe-grillon.

*Chévry*, — carotte commune (Bor., 607).

*Cheyée*, — planchette suspendue au plafond et sur laquelle on

pose les fromages pour les faire sécher. (V. *Esseyé* et *Egotasse*.)

*Chez* [1], — cette préposition, suivie du nom des propriétaires ou des fondateurs, a formé des noms de localités : *Chez-Combé*, près de Pevalay (Indre) ; — *Chez-Piot* (*ibid*.) ; — *Chez-Jabier*, près de Saint-Prejet (Cher.)

*Chichonne*, — rôtie de pain dans du vin chaud.

*Chie-mou*, — mercuriale annuelle. (Voy. *Foirelle*.)

*Chien* (*porreau de*), —asphodèle blanc (Bor., 1285). (V. *Ninons*.)

*Chien frais* (*parler*), — se dit de celui qui ne parle pas naturellement, qui pindarise, qui affecte de parler bon français. (Voy. *Ferlu*.)

*Chièvres* [2], — chèvres.

*Chigner*, — pleurnicher, pleurer en reniflant comme font les écoliers.

*Chigot, Chigotter*. — (Voy. *Cabin* et *Cabiner*.)

*Chimer*, — pleurer.

*Chinchin* (*un*), — une petite quantité.

*Chiot* (terme de forges), — plaque de fonte percée pour laisser échapper le laitier du foyer d'affinerie.

*Chiou*, — petit chien. — (Voy. *Chenard*.)

*Chiouler*, — pleurer d'un air bête.

*Chiper*, — dérober.

---

1 Nous disons en français, par un emploi semblable, *je viens de chez-mon père*, *je passerai par chez-vous*, où les mots *chez-mon père, chez-vous*, compléments des prépositions *de* et *par*, se comportent absolument comme des substantifs composés.

2 *Là rencontra une gaye bergère, laquelle à l'ombre d'un buissonnet ses brebiettes gardait, ensemble ung âne et quelques chievres.*

(Rabelais, *Pantagruel*, V, 7)

*Chipoton*, — qui touche à tout.

*Chique*, — bille de terre cuite, de marbre et d'agathe, dont les enfants se servent pour jouer : ces enfants jouent aux *chiques*. (Voy. *Gobille*.)

*Chiquet*, — excédant de la mesure ; donner le *chiquet*, faire bonne mesure ; s'applique surtout à la vente du lait.

*Choppe*, — poire molle.

*Chouse* ¹, — chose.

*Chouser*, — faire une chose, ranger, accommoder.

*Ch'ti, Ch'tite*, — chétif, chétive, mauvais, mauvaise. ( Voy. *Chaitis*.)

*Chusse*, — buplèvre aristé (Bon., 554).

*Chutrin*, — petite maison.

*Cimeau*, — branchage de la tête (cime) des vieux arbres. (Voy. *Régale*.) On distingue dans la corde à charbon celle de *cimeau* et celle de taillis.

*Cinelle*. — ( Voy. *Cenelle*.)

*Clairiette*, — salade.

*Clairin, Clairon*, — grelot au cou du gros bétail.

*Clairir*, — briller, paraître clair, chatoyer.

*Clairté* ², — clarté.

*Clampin*, — négligent, lambin.

*Clameurs* et *Clamours*, — montagne près de Soulangy (Nièvre).

*Clas*, — fléau à battre le blé.

*Cliardie (à la)* ³, — au point du jour. (Voy. *Brindie*.)

*Clincher*, — pencher.

*Cliocher*, — clocher ; commettre une faute grave. — (Voy. *Sabot*.) — On dit encore sa santé ou ses affaires *cliochent*, c'est-à-dire se dérangent.

*Cloque*, — cloche.

*Clorie, Closerie*, — petite métairie, champ entouré, clos de haies, ou de murs.

*Coche ( ça fait)*, — entaille ; cela porte coup, cela fait entaille. Se dit d'un accident de nature à compromettre la réputation et la fortune de quelqu'un.

*Cochelin*, — cadeau que les parents font à une mariée, et ordinairement composé d'ustensiles de ménage.

*Cocher* (verbe), — faire le coq.

*Cocheter, Cochonner*, — mettre bas ; se dit de la truie.

---

1 Ce Dieu qui dit : nul n'est égal à moy :
   L'homme n'est rien, le prince ny le roy ;
   Je suis qui suis, j'ay parfait toute *chouse*,
   Je suis le Dieu qui ay l'âme jalouse.     ( RONSARD.)

Le bon père Pavault m'a appris qu'il y avait trois sortes de *chouses* dont il se faut garder.     (VERVILLE, *Moy. de parvenir*.)

2 Pourquoi viens-tu, soleil, ne scais-tu pas
   Qu'on n'ha besoin de ta lumière errante ?
   Autre soleil demeurant ici-bas
   Jette sur nous une *clairté* plaisante ;
   Guide autre part ta carrosse flambante,
   Va te cacher, tourne arrière tes pas.     ( AMADIS JAMYN.)

3 Par corruption pour : à la *clair-di* (du latin *dies* ?) comme *Brindie* pour *brun-di*.

Cochon (herbe à), — renouée des oiseaux (Bor., 1147).

Cocuasse, — ciguë tachée (Bor., 621).

Coër, — couver.

Cœudre, — coudrier, noisetier (Bor., 1219). (Voyez Queudre.)

Cœurs, — prunier des oiseaux (Bor., 368).

Coffin, Coffineau 1, — corbeille, manne, petit panier.

Cofignau, — cuiller en forme de pipe dont le manche est creusé comme un tuyau, et qui sert à puiser l'eau dans un seau. Il s'en va comme un cofignau, se dit d'un homme qui a le dévoiement; — étui en bois que le faucheur suspend à sa ceinture, et où il met de l'eau pour mouiller la pierre à aiguiser.

Cognasse, — coing, fruit du coignassier. (Bor., 418.)

Coi (se mettre à la), — se mettre à l'abri. (Voy. Écoy.)

Coiffe, — se dit exclusivement du bonnet à barbes.

Coiffion, — coiffe très-plate et très-large du haut.

Coinche, — auge en pierre ou en bois, dans laquelle on fait manger les cochons.

Coite 2, — lit de plume.

Colas, — geai (oiseau).

Colidon, — ouvrier de ville, à Bourges, par opposition à vigneron. (Voy. Yapi.)

Combe, — accrue de bois.

Combien! Combien dire! — beaucoup. Se place devant un adjectif ou à la fin d'une phrase : il est combien gros, il est gros combien! ou combien dire!

Commande, — grosse corde, se dit de celle qui soutient l'ancre d'un bateau.

Communal (substantif), — terre communale, pâturage commun. (Voy. Usage.)

Compagnons blancs, — lychnide du soir (Bor., 255). — Compagnons rouges, — lychnide du jour (Bor., 256).

Concornille, — centaurée bleuet. (Bor., 772.)

Concrire (se) 3, — s'épaissir, se coaguler.

Conduit, — arrivé.

Confondu, — gâté, perdu. (Voy. Forfait (à).

Console, — consoude officinale (Bor., 897).

Contre, — auprès, vis-à-vis

---

1 Du grec κόρινος, corbeille, panier, mannequin.

> Venez sur vos rives secrètes,
> Soudain cueillir à pleins coffins
> L'émail des plus belles fleurettes,
> Ornement de vos fronts divins.        (Scév. de Ste-Marthe.)

> Portant sur ma caboche un coffin de Hollande
> En guise de bonnet.                        (Saint-Amant.)

2 En français, ce mot s'écrit couette. Il vient sans doute de quietus, d'où nous avons fait coi, se tenir coi.

3 Du latin concrescere, concrevi, concretum : de là est formé notre mot français concret opposé à abstrait. Rutebeuf a dit : Si se congrient ès cors par chaleurs et par humeurs.

(Voy. *Long* (*au*) ; — en comparaison de : cet homme est bien
vieux *contre* vous, beaucoup
plus âgé que vous.

*Contre-bout*, — trombe, tourbil-
lon. (Voy. *Entrebout, Goffe.*)

*Coqsigrue*, — bugrane gluante
(Bor., 444).

*Coque*, — souche, racine.

*Coquelle*, — écuelle ou tasse sans
anse, ordinairement en bois.

*Coqueluchante, Coqueluchon*, —
primevère officinale. (Bor.,
1087.)

*Coquer*, — choquer, se dit des
œufs qu'on brise l'un contre
l'autre.

*Coquin*, — gentil : cet agneau
est bien *coquin*.

*Coquinerie* (*la*), — localité près
de Crosses, canton de Baugy
(Cher). — Autre près d'Ar-
thon (Indre).

*Corbe*, — fruit du sorbier domestique. (Bor., 422.)

*Cordelée* (*haie*) [1], — entrelacée.

*Corin*, — œuf couvé. (Voy. *Coui.*)

*Cormaillon*, — attache de la
crémaillère.

*Cormeuse*, — cornemuse.

*Cormeuseur*, — joueur de cornemuse.

*Cormier*, — sorbier domestique
(Bor., 422).

*Cormuse*. — (Voy. *Cormeuse.*)

*Cormuseux*, — joueur de cornemuse.

*Cornalon, Cornelle*, — champignon

*Corner*, — sonner du cornet à
bouquin.

*Cornes*, — macre flottante
(Bor., 347).

*Corniau*, — chien mâtiné, qui
n'est pas de race; — nuage noir.

*Cornuelle*. — (Voy. *Cornes.*)

*Coronel* [2], — colonel.

*Corpaille*, — corde en paille, natte.

*Corporal*, — caporal.

*Corporé*, — corpulence.

*Corsier*, — houx commun
(Bor., 861).

*Cortines* [3], — rideaux de lit.

*Cosidon*, — bourgeois.

*Cosse*, — souche d'arbre.

*Cosse de noix*, — mauvaise plai-
santerie en parlant d'un bossu.

*Cosser* [4], — meurtrir : fruit
*cossé*; — repousser avec la tête
en parlant des animaux.

*Coti*, — froissé, meurtri.

*Couale, Couard*, — corbeau.

*Coualer*, — pousser des cris
semblables à ceux du corbeau.

*Couarder*, — couper un ou plu-

---

1 Ce mot s'emploie en parlant des haies faites avec de grandes branches
flexibles, généralement de saule, tressées horizontalement autour de *paux* (voy. ce
mot) fichés en terre de distance en distance, et destinés à la consolider. La haie
*cordelée* est comme une étoffe dont les *paux* sont la chaîne, et les branches forment la trame.

2 La dénomination, dit Epistemon à Pantagruel, de ces deux vostres *coronels*
Rifflandouille et Tailleboudin en cettuy conflit nous promet asseurance, heur et
victoire.                              ( RABELAIS, *Pantag.* IV, 37.)

3 Du latin *cortina*.

4  Saute à l'entour de moi, et de sa corne essaye
   De *cosser* mou mastin qui l'abaye.          ( RONSARD.)

sieurs nœuds de la queue d'un animal. (Voy. *Ecauder*.)

*Couare*, — queue de cheval.

*Coucou*, — diverses fleurs printanières, anémone pulsatille (BOR., 4). (Voy. aussi *Coqueluchon*.) — *Coucou* (*fleur de*), — narcisse, faux narcisse (BOR., 1311). — *Coucou* (*pain de*). (Voy. *Alleluia*.)

*Couenné*, — pré, prairie dont la *sole* (Voy. ce mot) est bien fournie, comme la couenne d'un morceau de lard.

*Couesme*, — sot.

*Coui* (*œuf*), — œuf couvé, gâté. (Voy. *Corin*.)

*Couinard*, — grognon, qui se plaint toujours.

*Couiner*, — grogner : un cochon *couine*.

*Couisse*, — noix dont le brou ne veut pas se détacher de la coquille.

*Coule* (*ça*), — le terrain est glissant. (Voy. *Lave* (*çà*).

*Coulmon*. — (Voy. *Cheveux de la Vierge*.)

*Coulombier* [1], — colombier.

*Coulureau*, — rigole, gouttière. (Voy. *Echenet*.)

*Couneille* [2], — quenouille.

*Coupassée*, — coupure.

*Coupeau* [3], — copeau; — bardane à grosse tête (BOR., 763).

*Coupé en deux*, — interdit, désorienté, réduit à quia.

*Couplage*, — couple, deux bateaux liés et naviguant ensemble. (Voy. *Equipe*.)

*Coupure* (*herbe à la*), — orpin, reprise (BOR., 307).

*Courail*, — verrou. (Voy. *Courou*, *Crouillou*.)

*Courailler*, — verrouiller. (Voy. *Courouiller*).

*Couratier*, — coureur, vagabond.

*Courge*, — harde.

*Courgellier*, — cornouiller mâle (BOR., 549).

*Courgnole*, — gorge très-petite.

*Courine*, — petite case dans un coffre ou un tiroir.

*Courou*, *Crouillou*, — verrou. (Voy. *Courail*.)

*Courouiller*. — (Voy. *Courailler*.)

*Coussote*, — espèce de poêlon à manche court, servant à puiser l'eau dans un seau.

*Cousté* (se prononce *coûté*) [4], — côté : mal de *coûté*.

---

1 Et dedans ledit arpent seront comprises les garennes si aucunes y a, foyers et *coulombiers*, granges, bergerie et estable, jusqu'à concurrence dudit arpent, et non plus. (*Coutume du Berry*, XIX, art. 31.)

2 En revenant de l'église, le mari va prendre derrière la porte de la maison un instrument de jardinage, et donne quelques coups de bêche dans le jardin; pendant ce temps la femme prend sa *couneille* et se met à filer. Cette formalité constitue en quelque sorte leur installation dans le ménage.

3 Il met là mainte branche enlacée
De menu bois avec tendre feuillée
Par ci par là confusément épars
Et *coupeaux* secs.　　(SCÉVOLE DE SAINTE-MARTHE.)

4 Ton ayeul paternel, l'ayeul aussi du *cousté* maternel ont possédé grands règnes et empires.　　(FR. HABERT.)

*Coustement* [1], *Coûtance, Coutange,* — prix, valeur, dépense, coût.

*Couté, Coûte,* — côté, côte; de là vient sans doute *Coutéger,* être côte à côte.

*Coutéger,* — serrer de près quelqu'un de qui on espère quelque grâce, quelque faveur : *C'te fille est bin coutégée,* pour dire qu'elle est bien recherchée en mariage, qu'elle a beaucoup d'adorateurs.

*Coutenceux,* — cher, qui coûte beaucoup, de haut prix.

*Coûti,* — se dit du bois qui, étant resté longtemps dehors, a perdu de sa qualité. (Voy. *Bouté.*)

*Coûton,* — côte, tige.

*Coutunément* [2], — habituellement, ordinairement, selon l'usage.

*Couvertis,* — toit.

*Coyon,* — homme qui se mêle de détails du ménage. (Voy. *Barbottiau, Manette.*)

*Craillard,* — criailleur.

*Crailler,* — cracher salement, ou crier trop fort.

*Cramois,* — galéope tetrahit (Bor., 952).

*Cramoue,* — moue.

*Cras, Craillat,* — crachat. (Voy. *Cupas.*)

*Crasses (des),* — toutes choses nuisibles, des fruits verts, de la neige, du verglas, etc. Il tombe des *crasses;* il mange des *crasses.*

*Crela,* — échalas. (Voy. *Charisson* et *Charnier.*)

*Crelle,* — froment rampant (chiendent) (Bon., 1560).

*Crenne,* — chiendent : terrain encrenné, terrain rempli de chiendent. (Voy. *Crelle.*)

*Crésiller,* — cri du bois, du fer, de l'étain, avant de se rompre.

*Creuse de noix,* — coquille, coque.

*Creusot,* — moineau de la petite espèce; le friquet qui aime les creux, les trous.

*Crevaison,* — la mort : faire sa *crevaison,* mourir.

*Crias,* — terre crayeuse.

*Croix,* — pomme sauvage. (Voy. *Gueroude.*)

*Croix-Puante (la),* — ancien gibet près d'Orval (Cher).

*Croizier,* — pommier sauvage. (Voy. *Egraffeau.*)

*Cros, Crot,* — trou, creux, pièce d'eau. — Ce mot a formé quelques noms de localités : *Mali-cros,* près de Chevenon (Nièvre); — *Cros-Fondu,* près de Raveaux (Nièvre).

*Crossins,* — crochets.

*Crotter* [3], — creuser, fouiller la terre, faire un trou.

---

1 Mès une chose vos vueil dire qui n'est pas de grand *coustement.*
   (Rutebeuf, *Le Brichemer.*)

Lesquels seigneurs et riches hommes ont fait de grands et notables édifices en iceux lieux qu'anciennement et au temps desdits, dont estaient de petit *accense* et de petit *coustement.*
  (*Ordonnance de François Ier, sur les eaux-et-forêts.* Mai 1515, art. 88.)

2 Beaumanoir, ch. 2 et 65, a dit *acoustumement.*

3 Je suis records que feu Jacques Colin, alors abbé de Saint-Ambroise de Bourges,

*Crouilloux, Crouillet* [1], — verrou.

*Cüer,* — curer, nettoyer.

*Cuisse,* — fournée : ces deux pains sont de la même *cuisse.*

*Cuissin,* — coussin, oreiller.

*Culard,* — feu follet.

*Cul-jaune,* — ouvrier des minerais de fer du Berry [2].

*Cumin des prés,* — silaus des prés. (Bon., 591.)

*Cupas,* — crachat.

*Cuper,* — cracher.

*Curaille, Curas, Curon,* — trognon : un *Curas* de pomme.

*Cure-Bourse,* — localité près de Neuvy-Pailloux (Indre).

*Curter* [3], — élaguer, nettoyer un arbre.

---

faisant *crotter* près des fossés de ladite abbaye, fut trouvé un monument de pierre, dans lequel on trouva un cercueil en plomb, un homme tout armé, et plusieurs pièces de monnaie, et des médailles antiques.

(CHAUMEAU, *Histoire du Berry.*)

[1] Mais il fait un grand bruit dedans l'estable et puis,
En poussant le *crouillet,* de sa corne ouvre l'huis.

(RONSARD.)

[2] Ces minerais ont leur gisement dans des terres argileuses jaunâtres.

[3] Dérivé du latin *curto, are.*

# D

Dame, — arrêt en terre dans un fossé, témoin de terre dans un déblai.

Dame (terme de forges), — plaque retenant le bain de fonte dans le creuset d'un haut-fourneau. (Voy. Gentilhomme.)

Damée, — enceinte, devenue dame.

Damer, — battre le terrain avec l'instrument de paveur appelé Demoiselle.

Damier (le), — fritillaire pintade (Bon., 1282).

Dangereux, — ruisseau affluent du Cher, près Bruère (Cher).

Danrée, — petite mesure pour débiter le lait. (Voy. Denrée.)

Dard, — faulx.

Dardée, — temps de travail; — intervalle : par dardée, de temps en temps.

Dardeler, — trembler de la fièvre, ou de colère. — Se dardeler, s'élancer. — Signifie aussi trembler de joie : cet enfant est content, il en dardèle.

Darrière [1], — derrière.

Darnoire, — casserole à queue en terre cuite.

Dauche, — douillet.

Débarrer la porte, — l'ouvrir. (Voy. Barrer.)

Débauche, — interruption de travail.

Débauché, — gâté : temps débauché, temps qui se gâte, qui est à la pluie.

Débesiller, — mettre en pièces; — gâter quelque chose.

Débiter, — détériorer, gâter, souiller une chose.

Déblavé, — récolté. Se dit des terres où la récolte a été enlevée en saison ou même par accident.

Débourdouler, — dégringoler en roulant avec un bruit sourd.

Débringuer, — démantibuler un ouvrage compliqué.—Débringué, mal mis, débraillé.

Decancher, — tirer d'une difficulté, débarrasser, défricher.

Décaniller, — fuir.

Décarêmer (se) [2], — sortir du

---

[1] Devisant avec elle, luy persuada monter darrière luy en crouppe.

(Rabelais, Pantag. V, 7.)

[2] Nous trouvons dans une chanson satirique, assez gaillarde, attribuée à un simple ouvrier berrichon, et que nous regrettons de ne pouvoir citer tout entière :

> Il saute sur le fricot ;
>
> Et s'décarême comme il faut,
>
> La bonne aventure, o gué !
>
> La bonne aventure !

carême, faire gras, et, au figuré, prendre du bon temps, faire débauche.

*Décesser*, — cesser.

*Décharanguer*, — dépecer.

*Décheintrer un champ*, — défricher les accrues de ses haies.

*Découasser une poule*, — lui faire passer l'envie de couver, en la plongeant dans l'eau.

*Décotter*, — cesser; se dit de celui qui a quitté sa tâche avant qu'elle fût achevée : il *ne décotte pas*, se dit de l'importun qui n'a cessé de solliciter qu'après avoir obtenu l'objet de sa demande.

*Décoynner*, — se dit de celui qui ne veut se prononcer dans un marché ou lâcher ses écus.

*Décréper*, — arracher les herbes flottantes d'une pièce d'eau.

*Décroché*, *Décrocheté* (*Stouma*) (Voy. ce mot), — estomac à bas, constitution ruinée.

*Défacer* [1], — défigurer, dépecer.

*Dégagé*, — vif, pressé.

*Dégager* (se), — se dépêcher, se hâter : *dégagez-vous !* (Voy. *Habile ! habile !*)

*Dégarsiller*, — gâter, abîmer, gaspiller, détruire.

*Dégéner*, — mettre à l'aise.

*Dégoisiller*, *Dégoiser*, — parler vite et longtemps; se prend en mauvaise part.

*Dégorjater*, — vômir.

*Dégorné*, — gourmand.

*Dégouliner*, — couler lentement, goutte à goutte le long de quelque chose, par exemple dans le dos.

*Dégoûtamment*, — d'une manière dégoûtante.

*Dégrasouillant*, — état d'un enfant couvert de vermine.

*Déguincher*, — dévier légèrement.

*Dégusiller*, — déchirer, chiffonner.

*Dehors* (*entrer*, *enfermer*, *renfermer*), — sortir, faire sortir, mettre à la porte.

*Délibéré* [2], — décidé (d'un ton, d'un propos).

*Délinguer*, — décliner, se faire vieux.

*Déluré* [3], — gaillard, avisé.

*Démaçonné* (*il n'a pas*), — en parlant de celui qui, dans une conversation, n'a dit mot.

*Demenger*, *Demengeux*, — exiger, exigeant.

*Demeurance*, *Demourance* [4], — demeure.

*Démon* (*le*), — localité près de Saint-Christophe-le-Chaudry (Cher).

*Démonté* (*être*), — embarrassé, être au dépourvu : j'en suis *démonté*, je ne sais comment m'y prendre.

*Dénaître* (*faire*), — impatien-

---

[1] De *face*, faire changer de face.

[2] Mais s'il a beu et mangé à suffisance, qu'il soit modérément gay, son corps dispos et son esprit bien *délibéré*.      (AMYOT.)

[3] Analogue de *Luron*.

[4] Si que toujours, ay espérance
   En la maison du seigneur *demeurance*.    (MAROT. *Ps.* 19.)

Le mariage se fait, après la consommation duquel il meine sa femme au lieu de sa *demeurance*.    (ET. TABOUROT, *Escreignes dijonnaises*, chap. 37.)

ter fortement, faire enrager :
*ils me font dénaître, ces ch'tis gas!*

*Dénété,* — homme qui a perdu le nez, homme camus, qui a un nez court. (Voy. *Gueux de nez.*)

*Déniché,* — réveillé, vif.

*Denrée* [1], — petite mesure, petite quantité : *Ch'tite denrée!* personne de rien (injure).

*Départir,* — séparer, partager, diviser, donner. (Voy. *Dispartir.*)

*Dépater,* — décrotter, enlever la boue épaisse. (Voy. *Pâter.*)

*Dépatoire,* — décrottoir.

*Dépeinter,* — commencement d'apparition d'un objet dans le lointain ou dans l'obscurité.

*Dépendeler,* — détacher un objet qui était suspendu. (Voy. *Pendeler.*)

*Dépeniller le fumier,* — l'écarter dans le champ.

*Dépens (de),* — coûteux : cela n'est pas *de dépens*; on dit d'un homme sobre, qu'il n'a pas *de dépens*.

*Dépiété (être),* — avoir les pieds hors de service à la suite d'une longue marche. Se dit des animaux. (Voy. *Agravé.*)

*Dépiller,* — lancer son palet pour voir qui devra jouer le premier.

*Dépiter,* — défier.

*Déplamy,* — celui dont le visage a blêmi.

*Dépoitriné, Dépoitraillé,* — qui a la poitrine découverte d'une manière indécente; mal habillé, sans tenue.

*Déprendre,* — détacher.

*Déracher,* — arracher.

*Derliner* [2], — résonner par suite d'une commotion : les carreaux *derlinent* dans l'orage.

*Déroyer,* — dérégler, égarer, déranger.

*Dérœiller (se)* [3], — se frotter les

---

1 *Denrée* était employé autrefois pour exprimer la quantité de marchandises que l'on pouvait avoir pour un denier. (Voy. la *Farce de Patelin.*)

Et por ce qu'ele veut que li povres y paist aussi bien avenir comme li riches, ele me dit que j'en feisse *denrées,* car teiz a 1 denier en sa *borce,* qui n'i a pas v livres.             (RUTEBEUF, *le diz de lerberie.*)

Une *denrée* de cresson.             (RABELAIS, *Pantagruel,* IV, 32.)

Quiconque vend chanvre à Bourges, il doibt du quarteron une obole Parisis, et s'il n'en a que *quatre denrées,* il ne doibt rien, et en sont francs tuitz li habitans de Bourges.             (*Ancienne coutume de Bourges.*)

Lors dit le quens (comte) à son ribaut :
Compains, or voi-je bien de plain
Que d'une *denrée* de pain
Souleroie tous mes amis.
Je n'en ai nul, ce *m'est avis*
Ne je n'ai en nului fiance
Fors en la roine de France.

(*Chronique de St.-Magloire,* publiée par l'abbé LEBOEUF, t. II, p. 143.)

2 Ce mot est *derlin derlin,* comme une onomatopée du bruit des cloches.

3 Ecrivez *dé-r'œiller,* et ce mot se rattachera comme *ar'œiller,* à la racine *œil.* Malheureusement il ne signifie guère ce qu'il veut dire. Il semblerait par sa

yeux en s'éveillant. (Voyez *Arœiller.*)

*Derrauge,* — vents tumultueux, débordements, orage, fracas.

*Désendetter (se)* [1], — se libérer, s'acquitter.

*Desoriller,* — couper les oreilles.

*Desserter,* — défricher, essarter.

*Dessur* [2], — sur, dessus.

*Détarder,* — faire perdre du temps, retarder.

*Détemer.* — (Voy. *Détarder.*)

*Déterger* [3], — désaltérer.

*Détorber* [4], *Destorber, Détorbe, Détourbe,* — retarder, détourner; retard, dérangement dans un travail, une marche.

*Détourber,* — troubler, changer, égarer, traverser.

*Devaller, D'vallée* [5], — descendre, descente. (Voy. *Valant.*)

*Devant* [6], *Devant que,* — avant, avant que.

---

composition exprimer le contraire d'*arœiller*, et il signifie presque la même chose, se frotter les yeux pour y voir plus clair. *Dérœiller*, ou *dérouiller*, ne serait-il pas tout simplement une mauvaise prononciation de *dérouiller?* C'est une métaphore bien naturelle que celle d'un homme qui se *dérouille la vue*, comme on *dérouille le fer* par le frottement.

1 Elle est morte *désendettée* quasi de tout.          (BRANTÔME.)

2 *Desur* la dure enclume où l'on bat les espées.          (RONSARD.)

Portant *dessur* le front le mal de sa pensée.          (*Idem.*)

3 Dérivé du latin *detergo.* — *Déterger* en français signifie laver. (Voy. MOL., *Pourceaugnac*, I, 15.)

4 Dérivé du latin *disturbo.*

Ma santé, c'est maintenir, sans *destourbier*, mon état accoustumé.

(MONTAIGNE, *Essais*, III, 13.)

5 Je semble au mort qu'en fosse l'on *dévale*,
Tant je suis..... et pauvre..... et pâle.          (RONSARD.)

A la feuille d'hyver qui des arbres *dévalle.*          (*Idem.*)

Il dit qu'il ne faut pas à son secours aller,
Ni pour le retirer la corde *dévaller.*

(VAUQ. DE LA FREENAYE, *Art poétique.*)

Des amoureulx qui montent et *dévallent* du mieux du haut de deux ou trois estaiges par une treille ou longière pour entrer en une maison.

(MARTIAL D'AUVERGNE.)

On luy attachoyt un cable en quelque haute tour pendant en terre. Par iceluy avecques deux mains montoyt puis *devaloyt* si roidement et si asseurément que plus ne pourriez parmy un pré bien éguale.          (RABELAIS, *Garg.*, I, 23.)

6 Et si *devant* moi vous mouriez,
Toujours en mon cœur vivriez.          (*Roman de la Rose.*)

*Devanteau, Devantier, Devantière* [1], — tablier.

*Devant soi*, — fortune, ressources. Se dit principalement d'une personne à marier qui a de l'aisance : elle a quelque chose *devant soi*.

*Devenir*, — venir de : avez-vous été à la ville ? J'en *deviens*.

*Devidé* [2], — devidoir.

*Devinouer*, — énigme.

*Devise*, — subterfuge, discours, entretiens, propos familiers ; — ligne séparative [3].

*Deviseur*, — qui divise, fixe les limites.

*Deviter*, — ôter : *deviter ses chausses*, ôter ses bas.

*Diable (fourchette du).* — (Voyez *Chancrée (herbe à la)*. — *Diable (mors du)*, — scabieuse succise (Bou., 673). — *Diable (bâton du)*, — cirse des marais (Bou., 748).

*Diâche !* — Diable ! *Diâche et toi*, que le diable t'emporte !

*Dîme (le), Disme, Dixme* [4], — la dîme : il a levé son *dixme*.

*Dine*, — poule d'Inde. (V. *Bine*.)

*Dinon*, — coq d'Inde, — imbécille.

*Diors, Dior*, — dehors.

*Disandennes, Disette*, — cancans.

*Dispartie*, — limite de propriété.

*Dispartir.* — (Voy. *Départir*.)

*Divars, Divarse*, — plaisant, bouffon.

*Diverti*, — gai, joyeux.

*Divise*. — (Voy. *Dispartie*.)

*Dodeliner*, — bercer pour endormir, remuer doucement.

*Dogne, Dognot (un homme)*, — un homme douillet.

*Dogue (faire son)*, — faire l'important.

*Domaine*, — métairie, ferme.

*Dômaye (la)*, — ancien habit de cérémonie des paysans Sancerrois et du Nivernais,

---

1 Dans une pièce de vers recueillie par Etienne Tabourot, dans ses *bigarures*, IV, 3, on lit : Son *devantière* blanc.

2 On disait, du temps de Ronsard, *dévidance* :

Ne tourne plus ce *dévidance*

Comme soudain son cours s'arrête ;

Ainsi la fureur de ma teste

Ne tourne plus en mon cerveau.

3 Et quant les *deviseurs* auront veu et enquis et regardé les leus et places, ils doivent marcher la *devise* là où ils sont assentis, et *boner* là cme nouvelle *devise*, et si ils ne trouvent assentiment, ils la doivent faire selon leur semblance toute nouvelle, et *boner* là et à ce faire doivent appeler tant de jeunes gens comme lon pora avoir en la contrée pour avoir longue *remembrance* et garantie.

( *Assises de Jurisprudence*, ch. 265. )

4 Droict, raison et coustume est telle que ung chascun doit payer son *disme*.

( *Ancienne Coustume de Bourges* , ch. 88.)

Que le *dixme* se doit lever et payer auparavant le terrage du champ.

( J. CHENU, *Quest. notables de droit*.)

généralement en cotonnade bleue, pour les jours de première communion, de grandes fêtes ou de mariage. Les basques en sont très-longues et le corsage très-court.

**Dormat,**— croûte d'une blessure.

**Dorure,** — chaîne et croix en or; — bijoux.

**Dossée de terre,** — rejet de terre.

**Dôter,** — ôter, enlever.

**Doublon, Doublonne,** — mouton ou brebis de deux ans.

**Doubtance** [1], — soupçon, doute.

**Doucette,** — mâche, salade. (V. Clairiette.)

**Douelle,** — douve, merrain.

**Douler (se),** — se plaindre, se douloir.

**Dousil, Dousi** [2], — cannelle, petit morceau de bois ordi-

nairement en coudrier, taillé en pointe ou en cône, dont on se sert pour fermer ou boucher un tonneau. (Voy. *Champelure, Duizi, Duy.*)

**Douter,** — ôter.

**Douter quelqu'un,** — le soupçonner.

**Drapeaux** [3], — langes.

**Drapillon,** — chiffon.

**Drès, Drès-là,** — là, à côté.

**Dressière,** — sentier, chemin qui raccourcit.

**Dressoir,** — buffet où l'on range les plats en les dressant.

**Dresson, Derson,** — cordon de fil plat.

**Dret,** — droit. Ce mot entre dans plusieurs locutions : *l'à-dret, l'à-droit,* — le bon côté, le sens convenable d'une chose, d'un corps, d'un travail; — le bon moyen, la solution d'une

---

[1] Davoir le roy Bloys vit en esperance,

Tours ne dit mot, Ambroise est en *doubtance.*  (JEAN MAROT.)

Me promettiez, que si le roy de France

Passait les monts sans aucune *doubtance,*

Le prendriez, etc.

[2] Il faudra tordre le *douzil.*  (RABELAIS, *Garg.* 1, 3.)

[3] Je trouve le mot *drapeaux* avec cette signification dans plusieurs Noëls anciens.

Quoi donc, Colin, ne sais-tu pas

Que Dieu vient de naître ici-bas?

Qu'il est logé dans une étable?

Il n'a ni lange ni *drapeau,*

Et dans cet état misérable

On ne peut voir (*bis*) rien de plus beau (*bis*).

Et ailleurs :

Nous courûmes de telle roideur

Pour voir notre Rédempteur

Et créateur et formateur ;

Il avait (Dieu le sache)

De *drapeaux* assez grand besoin ;

Il gissait dans la crèche

Dessus un peu de foin.

difficulté (Voy. *Adroit, Adret*).
— *Au dret*, — en face ; — *Au dret de soi*, — en droit soi, chacun son écot. — *Dret en la rive en dret d'là*, — indication d'un point précis.

*Drille*, — le dévoiement ; les sorciers en menacent les petits enfants.

*Driller*, — avoir le dévoiement.

*Drillon*, — homme maigre, efflanqué.

*Droit (au)*. — (Voy. *Dret*.)

*Drôlesse*, — petite fille (dans un sens bienveillant).

*Du depuis* [1], — depuis lors.

*Durat*, — foie cuit de bœuf.

*Durelin Roure* [2], — chêne à fruits sessiles (Bor., 1215).

*Durer* [3], — attendre, prendre patience : il ne veut pas *durer*.

*Duizy, Dusy, Duy*. — (Voy. *Dousil*.)

---

1 La belle *du depuis* ne le recherche point,
 Et l'esprit rarement à la beauté se joint.  (REGNIER.)

Il advint *du depuis* qu'avec le mouvement
Le violon joua beaucoup plus plaisamment.
  (VAUQ. DE LA FRESNAYE, *Art poétique*.)

2 *Roure* et *Rouvre* sont français. — *Durelin* est une épithète tirée sans doute de la dureté du bois.

3 Li douz pensers et li douz sovenirs
 M'i fait mon cuer esprendre de chanter,
 Et fine amors qui ne m'i lait *durer*.

  (THIBAUT, comte de Champagne, dans la collection des
  *vieux poètes français* de Crapelet, t. II, p. 9.)

# E

*Ebché (œuf)*, — œuf près d'éclore.

*Eberlobé*, — étourdi, braque.

*Eberluettes*, — éblouissements.

*Eberluter*, éblouir.

*Ebouiner, Ebousinner, Ebouiné*, — rompre, tailler, rompu, écrasé.

*Ebrevagé*, — abreuvé.

*Ebriat* [1], — ivre. (Voy. *Imbriat*.)

*Ecalé*, — qui souffre de la faim.

*Ecauder*, — ôter la queue. (Voy. *Couarder*.)

*Echaler*, — écaler, enlever le brou de la noix.

*Echalier* [2], — petite échelle double et basse appuyée des deux côtés d'une haie (*boucheture, bouchure*) au point d'intersection d'un sentier avec la haie, afin de donner aux piétons le moyen d'enjamber.

*Echameau* [3], — bosse élevée entre deux sillons, sur laquelle est plantée la vigne.

*Echardonnet*, — chardonneret.

*Echarnir*, — singer.

*Echenet*, — cheneau, gouttière.

*Eclassé*, — qui souffre de la soif.

*Ecœurdi*, — dégoûté.

*Ecorces*, — bottines en cuir, sans semelle, pour monter à cheval et pour garantir les jambes de la boue.

*Ecorciat*, — linge pour nettoyer le four.

*Ecornages*, — produit de la tonte des arbres.

*Ecorner, Écroner*, — tondre, étêter un arbre, couper les branches supérieures. (Voy. *Ecroper*.)

*Ecouailles*, — laine du ventre de la brebis.

*Ecouja*. — (Voy. *Corsier*.)

*Ecoy*. — (Voy. *Coi (à la)*.)

*Ecarbouiller, Ecrabouiller* [4], — écraser un corps mou, par exemple un limace.

*Écrasée (une)*, — portion d'une

---

1 Du latin *ebrius*.

2 Souvent l'échelle est simple et n'existe par conséquent que d'un côté; l'on se contente alors de planter de l'autre un *pau* ou une petite fourche saillante d'un ou deux décimètres au-dessus du sol, et servant de point d'appui au passant pour son pied droit, tandis que le gauche est encore engagé sur l'échelle. La partie de la haie qui correspond à l'*échalier* est soigneusement *cordelée* (*voy.* ce mot), pour que les vêtements des passants ne s'y accrochent point.

Dans les pays où il existe des bancs de pierre calcaire plats et minces, on en dresse en guise d'*échalier* des fragments pourvus de part et d'autre des points d'appui ci-dessus décrits.

3 Est une comparaison tirée de la bosse du chameau.

4 Au malheureux *charton écarbouille* la tête.     (A. DE BAÏF.)

boucheture qui a été écrasée par des piétons ou des bestiaux. (Voy. *Assiéger.*)

*Ecroper*, — ébrancher. (Voy. *Ecorner.*)

*Edfier, Edifier.* — (Voy. *Adfier.*)

*Eduquer*, élever.

*Egaraché*, — égaré : yeux *égarachés*.

*Egotasse*, — pot sur lequel on met égoutter les fromages, et qui reçoit le petit lait. (Voy. *Cheyée, Fersielle.*)

*Egrafignasse*, — égratignure.

*Egrafigner* [1], — égratigner, déchirer. (Voy. *Grafigner.*)

*Egrasseau*, — poirier, pommier (Bon., 421).

*Egrenasse*, — égratignure : il a une *égrenasse* dans l'œil.

*Egron*, — héron.

*Elémosynière (l')*, — l'aumônerie, localité près d'Anjoing (Indre).

*Elider*, — faire des éclairs. (Voy. *Alide, Eparnit.*)

*Emarauder (s')*, — s'impatienter, se mettre en colère, se fâcher tout rouge.

*Embarrassée*, — femme enceinte.

*Embaucher*, — commencer, se dit d'un travail.

*Embaufumé*, qui est aviné, ou enthousiasmé.

*Embellir* [2], — améliorer sous le rapport du produit : c'est un bon cultivateur ; il a bien *embelli* ses terres.

*Emberlauder, emberliner* [3], — tromper en flattant, capter, embarrasser.

*Emberna*, — celui ou celle qui ne sait rien faire de bien, qui ne fait qu'embarrasser.

*Emberner, Embernè, Embrener,*

---

Ès-uns *escarbouillait* la cervelle.     ( Rabel., 1, 27.)

    Quand l'hoste faut, il voit toujours sa tête
    S'*escrabouiller* d'une juste tempête.

            ( Ronsard, *Franciade*, III. )

    Et quand il doit tonner, crainte que la tempête
    Pour les maux qu'il a faits n'*escarbouille* sa tête.

            ( Scévole de Sainte-Marthe. )

1 Et même trouvèrent façon d'effacer, d'*égraffigner*, de rompre, de falsifier tous les livres qu'ils purent trouver de la dite science.

            ( Bonav. des Perriers. )

    Toujours le chardon et l'ortie
    Puisse *égrafiner* son tombeau.     ( Ronsard. )

2 Un même mot ( τὸ xάλoυ ) embrasse en grec le bel et le bon, et le saint Esprit appelle souvent bons ceux qu'il veut dire beaux.

            ( Montaigne, *Essais*, III, 12. )

    Que le bon soit toujours camarade du beau,
    Dès demain je chercherai femme.     ( La Fontaine, *Fab.* VII, 2.)

3 Ce maistre homme sceut si bien *emberliner* cette fille qu'elle le creut.

            ( Et. Tabourot. )

— embarrasser, salir; crotté fort salement; — dans de mauvaises affaires.

*Emblader*,—semer en blé. (Voy. *Emblaver*.) — *Embladée*, — en parlant d'une femme, veut dire qu'elle est enceinte.

*Emblavé* (*champ*), — semé; *Emblavé* (*homme*), — qui a ses terres ensemencées : un tel est bien *emblavé*.

*Emblaver*, — semer, planter; se dit non-seulement du blé, mais de tout autre produit de la terre. (Voy. *Déblavé*.)

*Emblavure*, — blé destiné à la semence, et terre ensemencée.

*Embocagé, Embourragé*, — terrain couvert d'arbres.

*Embouer* (*s'*), — s'enfoncer, se salir dans la boue.

*Embouté, Embouler*, — mêlé, embrouillé, confus; — emmêler : elle a *embouté* son écheveau.

*Embourasser*, — emmaillotter.

*Embrouille, Embrouillamini* [1], — embrouillement d'affaires; — renoncule des champs (Bon., 34).

*Embrunché*, — se dit de celui qui a de mauvaises affaires par-dessus la tête.

*Embu* [2], — imbibé : ces terres sont bien *embues*.

*Emeger* (*s'*) [3], — s'étonner, s'inquiéter, s'étonner. (Voy. *Apenter*.)

*Emmalader, Emmaladir*, — devenir plus malade.

*Emmiauler*, — prendre par de douces paroles.

*Emmiauleux*,— doucereux, hypocrite.

*Empaffé, Empaffer*, — empiffré; — enivrer, tromper.

*Empellement, Empallement*, — bonde (*palle*) qui se lève et se baisse pour faire sortir ou retenir l'eau d'un étang.

*Empigé*, — empêtré, pris par les jambes.

*Empoujatté*,—plus qu'enrhumé ou enroué.

*Empoigne*, — galette pour les enfants.

*Encancher*, — embourbé (Voy. *Canche*); — se dit au figuré d'une personne qui est dans l'embarras, dont les affaires sont en mauvais état.

*Encelé*, — à couvert, caché. (Voy. *Acelé*.)

---

[1] C'est l'*imbroglio* des Italiens.

[2] De là est venu l'emploi au figuré du mot *imbu*, pénétré.

[3] Ne serait-ce pas le vieux mot français s'*esmayer* ?

> Amors est dolce et amére
> A celui qui bien l'essaie,
> Amors est marrastre et mère
> Qu'ele bat et puis rapaie,
> Mais cil qui plus la compère
> C'est cil qui mains s'en *esmaie*.

(Leroux de Lincy, *Chants hist. franç.*, Introd., p. xlviii.)

*Enchappes* [1], — glandes au cou.

*Encharger,* — charger quelqu'un de faire quelque chose : il m'a *enchargé* de vous dire.

*Encharpe,* — abcès à l'aisselle.

*Enclavure,* — enclave.

*Encornaillé,* — époux malheureux.

*Encrenné.* — (Voy. *Crenne.*)

*Encrotter,* — enterrer. (V. *Crot.*)

*Endarde,* — dartre.

*Endives,* — avives, glandes de la gorge des chevaux.

*Endormes (les).* — Il n'a pas les *endormes,* il est bien éveillé, vif, alerte.

*Endosse,* — niais, embarrassant.

*Enfantillange (dans l'),* — niais. (Voy. *Berdin.*)

*Enfarges,* — entraves en fer qu'on met aux pieds des chevaux au pâturage.

*Enfle (adjectif),* — enflé. (Voy. *Gonfle.*)

*Enflon,* — coup de paume ou de boule de neige dans le dos.

*Enfondre,* — morfondre.

*Enfondu,* — morfondu, trempé par la pluie, mouillé jusqu'aux os.

*Engaudre,* — maladroit.

*Engigneur* [2], — ingénieur.

*Engraisser,* — élargir, fortifier ; — *Engraisser* un mur, un talus de fossé (Voy. *Rengraisser*). — *Engraisser (s'),* se charger de nuages, de vapeurs : le temps s'engraisse.

*Enloper,* — envelopper.

*Enmerrai* [3], — emmènerai.

*Enmi,* — au milieu de, dans.

*Enneu,* — ennui.

*Ennoincer (s'),* — perdre la respiration en buvant de travers.

*En-pour,* — en échange.

*Enquerluché, Enquerluqué,* — qui a de grandes jambes comme celles de l'oiseau appelé œdycnème criard. (Voy. *Querlus.*)

*Enrayer,* — commencer, mettre *en raie* : *enrayer* un ouvrage. (Voy. *Roye.*) J'ai *enrayé à soir* à battre la grange.

*Enridelé* [4], — malade au lit.

*Enrimer* [5], — arranger avec symétrie, avec solidité.

*Enrocher,* — crépir avec de la chaux.

*Ensarger, Ensargé* [6], — recommander, recommandé : il me l'a bien *ensargé.*

*Ensemble (ils sont),* — en parlant d'un homme et d'une

---

1 Au moyen de coups simulés avec le marteau à piquer la meule de son moulin, tout meunier possède, comme successeur de saint Martin, patron des meuniers, le don de panser et guérir les *enchappes.*

2 *Engigneur* est dérivé d'*engin,* dérivé lui-même d'*ingenium* ainsi qu'*ingénieur.*

3 Si Dieu m'aït (m'aide) et nostre Dame
   Qu'elle voudra chevauchier l'âme,
   En droit enfer l'*enmerra.* (GAUTHIER DE COINSI.)

4 Dans ses rideaux.

5 C'est une corruption d'*arrimer,* terme de marine.

6 Pour *enchargé* : Voy. l'introduction, sur le changement du *ch* en *s.*

femme vivant en société illicite.

*Enserre* [1], — à l'étroit, serré, renfermé.

*Entaime*, — entamure.

*Envier*, — envoyer.

*Envoirait* [2] ( conditionnel du verbe envoyer), — enverrait.

*Envorner*, — tromper.

*Envornement, Envournement, Envorné, Envourné*, — enchifrènement, rhume de cerveau, enchifrené ; — étourdissement : cet homme a des *envournements*, pour dire que le sang lui porte à la tête ; — éblouissement qu'on éprouve quand on regarde dans un précipice ou après avoir tourné longtemps.

*Envourner, Envourner (s')*, — étourdir, s'étourdir en pirouettant ; — faire tourner la tête.

*Envoyer*, — faire aller, faire tourner : il y a assez d'eau dans ce ruisseau pour *envoyer* un moulin.

*Envoyeux*, — beau, donnant dans l'œil.

*Éparnir*, — éternuer.

*Éparnit (il)*, — il fait des éclairs ; se dit aussi des étoiles : elles *éparnissent*, elles paraissent. ( Voyez *Elider*. )

*Éparse, Épasse* [3], — moineau.

*Épivacée*, — mal peignée.

*Éplette ( ça )* [4]. — (Voy. *Apleter*.)

*Épucelle*, — espèce de crible.

*Épurge*, — petite brosse.

*Équiller*, — écurer la vaisselle.

*Équillauder*, — entoileter. (Voy. *Quillaud*.)

*Équipe*, — bande, atelier d'ouvrier ; — un certain nombre de bateaux naviguant ensemble. (Voy. *Couplage*.)

*Érairer (s')*, — s'égarer.

*Erbouiser*, — repousser, éconduire.

*Erbouler*. — (Voy. *Rebouler*.)

*Erchamer*, — hennir.

*Erlinger (s')*, — se dit d'un froid rigoureux qui s'adoucit : le temps *s'erlinge*.

*Ermyeux, Eumyeux* [5], — remmancheur de membres disloqués.

---

[1]    Or je me suis affranchi de prison
       Où me tenoit cruellement *enserre*
       L'enfant amour.          ( REMY BELLEAU.)

[2] Et leur jura qu'il ne *envoyrait* plus edict qui ne fut juste et raisonnable.

                                  (BODIN.)

Il faut remarquer que c'est là la véritable orthographe du mot. Jusqu'au siècle de Louis XV on a écrit *j'envoierai*, *j'envoierais* comme le demandent l'étymologie et le bon sens. *J'enverrai*, *j'enverrais*, est un barbarisme admis par l'usage, et que l'Académie a peut-être eu tort d'enregistrer.

[3] Du latin *passer*.

[4] Dérivé du latin *impleo, repleo*.

[5] Le *meneux de loups* du village (Voy. ce mot) fait ordinairement cet office, comme celui de panseur de chancres, de brûlures, etc. ; de releveur d'estomacs et rates tombés ou *décrochés* (Voy. ce mot ; voy. aussi *Rebouter*).

*Ernicter*, — rabâcher.

*Eronces*, — ronces.

*Erubé*, — charançon des vignes. (Voy. *Urbet*.)

*Escaner* (s'), — s'esquiver.

*Escoifion*, — calotte piquée, servant de soutien aux coiffes des femmes.

*Essabouir*, — étourdir.

*Essicler*, — déchirer une étoffe par maladresse, y faire un accroc.

*Essiom*, — essaim d'abeilles.

*Essionner*, — essaimer.

*Essiot*, — torchon pour essuyer la vaisselle.

*Essouriller* [1], — prêter l'oreille.

*Essuy*, — essuyé.

*Estalage*, — partie inclinée au-dessus du creuset d'un haut-fourneau. — Sable d'*estalage*, sable propre à la construction de l'*estalage*.

*Estandart*, — l'arc-en-ciel.

*Esto* [2], — immobile.

*Estommaqué* [3], — fâché, irrité.

*Estringoler* [4], — prendre par le cou : que le diable *m'estringole!*

*Etanger*, — épargner, conserver.

*Eternue*, — agrostis blanche (Bon., 1451).

*Etouger*. — (Voy. *Etanger*.)

*Etourner*, — éternuer.

*Etrait* [5], — étroit.

*Etrange*, — étonné.

*Étrangle-Chèvre*, — localité près Briantes (Indre).

*Etrille-Pigeons*, — domaine près d'Issoudun (Indre).

*Etrouble*, — chaume, champ où le blé a été nouvellement coupé.

*Evaline*, — osselet, jointure du gigot de mouton avec lequel jouent les enfants.

*Exemple* [6]. — (au féminin.)

*Exprès, Par exprès* [7], — positivement, beaucoup : laid *exprès*, c'est-à-dire très-laid ; bon *par exprès*, bon au suprême degré.

---

1 *Essouriller*, c'est écouter comme une *souris* en éveil, à moins qu'on n'aime mieux tirer ce mot d'*ès-oriller*. (Voy. *Desoriller*.)

2 Dérivé du latin *sto*.

3 Car le grand et la grande en furent si *estommaqués* qu'ils en cuidèrent désespérer.　　　　　　　　　　　　　　(Brantôme.)

4 Dérivé du latin *strangulo*.

5 On dit aussi *étrait* plutôt qu'*étroit*.　　　　　　(Mesnage.)

6 Car ils prennent la bonne *exemple*.　　　　(*Roman de la Rose*.)

Ce mot ne se prend plus au féminin aujourd'hui qu'en parlant d'une pièce d'écriture servant d'exemple (Voy. *Dictionnaire de l'Académie*) : et Beauzée s'est élevé avec raison contre ce changement de genre.

7 Choisir faut du bon par *exprès*,
　Car le mauvais porte dommage.
　　　　　(Louis Choquet, *Mystère de l'Apocalypse*.)

# F

*Faces,*— favori, touffe de barbe.

*Facé,* — joufflu, gras : c'est un homme *bien facé.*

*Fachelle,* — pot criblé de trous pour égoutter le fromage. (Voy. *Egotasse, Fersielle.*)

*Faciblement,* — très-volontiers.

*Fafiot,* — tatillon.

*Fafignard,* — homme difficile et dédaigneux.

*Faguenat,* — pourriture.

*Faibleté, Faibeté,* — faiblesse de tempérament ou d'esprit.

*Faicou,* — espèce de houe.

*Fait (son),* — bien, fortune.

*Fait mourir* [1] *(être),*— être mis à mort.

*Faît,* — faîte, sommité : au *faît* d'un arbre, au *faît* d'une échelle.

*Fait, Faict* [2], — bien, fortune.

*Faix (en avoir tout son),* — tant qu'on en peut porter.

*Faquin,* — élégant.

*Faramine,* — bête féroce.

*Faraud,* — fier de ses beaux habits.

*Farfouiller,* — chercher en fouillant.

*Fatigué, Fatiqué,*—malade, alité.

*Fauchon* [3], — petite faulx.

*Fau, Foyard, Fou, Fouteau,* — hêtre des forêts (Bor., 1212).

*Faute (avoir)* [4], — avoir besoin.

*Fauter,* — faire une faute.

*Fébéter,* — parler ou agir d'une façon trop libre.

*Feneau,* — fenil, grenier à foin.

*Fenée,* — espèce de pont fait avec des perches et des fagots,

---

1 La loy de Draco estait bien plus rigoureuse par laquelle les parens de celuy qui avait tué un hôme *estaient faits mourir* s'ils pouvaient être appréhendez, à faute de trouver et appréhender celuy qui avait tué.

(DELHOMMEAU, *Maximes générales du droit français.*)

2 Et luy rendit tout son *faict.*        (BRANTÔME.)

Elle est modeste, elle prend soin de son *fait,* bonne ménagère.

(RÉMY BELLÉAU.)

3 C'était autrefois une sorte de couteau de chasse ou d'épée courbe (ROQUEF., *Gloss.*, t. I, p. 578). Un passage curieux de Joinville (p. 39 de l'édit. in-12 de 1826) nous apprend qu'un clerc avec une arbalète et un *fauchon* poursuivit et tua trois *serjans du Chastelet* qui lui avaient enlevé sa robe. Saint-Louis, charmé de sa vaillance et de sa vigueur, le fit entrer dans son armée pour aller en Palestine.

4 C'est bien raison que j'avise si bien
Que je ne puisse *avoir faute* de rien.

(VAUQ. DE LA FRESNAYE.)

pour faciliter le passage momentané des ruisseaux.

*Ferbiller,* — lécher, nettoyer : *ferbiller* ses meubles.

*Ferbilleux,* — gourmand, goulu.

*Ferbot, Ferlot,* — friand.

*Ferlampié,* — écervelé.

*Ferlin, Ferliner,* — son fêlé d'une cloche cassée, son de l'argent dans la poche.

*Ferlu (parler).* — (V. *Chien frais.*)

*Fernailler,* — régenter de la main.

*Fersielle.* — (Voy. *Fachelle* et *Fesselle.*)

*Fertasse,* — filasse. (V. *Fretasse.*)

*Fertaux, Ferteux,* — frotteur, cardeur de chanvre. (V. *Chambreux, Filandreux.* )

*Fertier,* — un lieu plein d'arbrisseaux, hallier.

*Ferton,* — poupée de chanvre ou de lin.

*Fertot,* — homme à larges épaules, gaillard, luron.

*Fesselle,* — vase percé de trous dans lequel on met égoutter le caillé. (V. *Egotasse* et *Fachelle.*)

*Fessoir, Fessouer,* — outil de vigneron.

*Féticier,* — qui cuit le pain à son four.

*Feugner,* — sentir, flairer.

*Feuillard* [1],—fagots de branches d'ormes, coupées lorsqu'elles ont encore leurs feuilles et qu'on donne l'hiver aux brebis.

*Feuillotte,* — renouée bistorte (Bor., 1140).

*Fi,* — abcès au doigt. (V. *Fic.*)

*Fiaber des yeux,* — les fermer et les ouvrir avec rapidité.

*Fiance* [2], — confiance.

*Fic.* — (Voy. *Fi.*) — *Fic (herbe au),* — scrophulaire noueuse (Bor., 1021).

*Fic-foire,* — lavement; seringue en branche de sureau qui sert de jouet aux enfants. (Voy. *Jille.*)

*Fichumasser,* — vexer, contrarier : il a l'air tout *fichumassé.*

*Fié (à mon),* — à mon égard, quant à moi.

*Fignoleux,* — recherché dans sa mise.

*Filandreux.* — (V. *Chambreux, Fertaux.*)

*Filles,* — œilletons de plantes : *filles* d'artichauts.

*Filliol, Filliole* [3],—filleul, filleule.

*Fin (à cette, à seule fin) que* [4], — afin que.

---

1 Il y mesla maincte branche enlacée
De menu bois avec tendres *feuillards.*

         (Scévole de Sainte-Marthe.)

Puis vont chanter sous les *feuillards* épais.    (Amadis Jamyn.)

2 J'avais tant de *fiance* en mon affection.    (Amadis Jamyn.)

3 Le roi le fist son compère et donna à sa *filliole* ce beau nom d'Elisabeth.

         (Brantôme, *Vie d'Elisabeth de France.*)

Il n'a pas aperçu Jeannette ma *fillole,*
Laquelle a tout ouï, parole pour parole. (Molière, *l'Etourdi,* IV, 7.)

4 S'édifiant de vers polis et meurs,
   A *cette fin* que les bons imprimeurs
   Par cy après le mettent en lumière. (François Habert, d'Issoudun.)

*Fioler (se)* [1], — s'enivrer.

*Fiouclou*, — dernier né d'une couvée. (Voy. *Boiquat, Masc.*)

*Firmatif (prendre au)*, — se formaliser d'une remontrance faite en plaisantant ou avec ménagement.

*Fisselle*, — adroit filou.

*Fiston*, — fils ; terme d'amitié : mon *fiston*.

*Flabatte*, — entablement d'un grenier.

*Flâche* [2], — état de dépression d'une surface, creux.

*Flageolet* [3], — espèce de petit haricot.

*Flagneux*, — flâneur, curieux, désœuvré.

*Flagoter*, — clapoter, se dit du bruit que fait un liquide lorsqu'on agite le vase qui le contient.

*Flambée*, — feu clair de *bourrées*. (Voy. *Régalade*.)

*Flatrir* [4], — flétrir.

*Flatteur*, — hypocrite ; — on désigne ainsi ceux qui font de faux rapports contre quelqu'un dans le but de se faire valoir eux-mêmes aux dépens d'autrui ; — capon, en style d'écolier.

*Fleuri, Fleurie*, — bœuf, vache, marqués de taches blanches arrondies.

*Fleutre*, — grêle, élancé ; se dit principalement des bois étiolés, venus à l'ombre.

*Fluber*, — siffler.

*Flubet*, — flûte, sifflet.

*Flûter aux oreilles*, — siffler aux oreilles de quelqu'un.

*Foi (ma)*. — *Ma foi! ma loi!* — On dit en français *qui n'a ni foi ni loi*.

*Foindre (au participe foint et foignu)*, — s'affaiser, s'ébouler (se dit principalement des

---

1 Dérivé de *Fiole*.

2 Cette expression s'applique souvent aux parties enfoncées de la surface des routes ; elle est également usitée dans la charpenterie pour désigner les parties qui, par suite de la forme naturelle du bois ou de ses défectuosités, n'atteignent pas les surfaces d'équarrissage.

3 Dérivé du latin phaseolus. Nous en avons tiré les mots *faséol* et *fasol*. Le premier était encore usité sous Henri II, puisque Rabelais écrit : l'exemple y est manifeste en pois, febves, *faséols*, noix, alberges, etc. (*Pantagr.* III, 8.) Nous avons même conservé le féminin *faséole*. Quoi qu'il en soit, le mot *fasol* avait formé le diminutif *fasolet* (petit haricot), mot aussi joli qu'il est significatif : et depuis, quand le primitif est tombé en désuétude, on a substitué à *fasolet* le paronyme *flageolet*.

4     Le fruit d'amours, si dame est sage,
      Cueillir doit en fleur de son aage,

     . . . . . . . . . . .

      S'elle ne croit point mon conseil,
      Que pour commun proúffit conseil,
      Saiche qu'il s'en repentira
      Quand vieillesse la *flatrira*.       (*Roman de la Rose*.)

terres); diminuer de volume. (Au figuré) : il s'est *foignu*, il s'est amoindri ou rapetissé. — Céder : cette personne a *foignu*, elle a fait un faux pas; cette fille a *foignu*.

*Foirelle* [1]. — (Voy. *Aremberge*.)

*Fombrau*, — fumier : extraire le *fombrau* d'une écurie. (Voy. *Fumeriau*.)

*Fombrayer*, *Fombréger*, — nettoyer les étables, relever le fumier.

*Fondrée*, — fondrière.

*Fonguler*, — effaroucher, chasser des animaux. (Voy. *Fronguler*.)

*Font*, — fontaine. De ce mot se sont formés divers noms de localités : *Font*, près Saint-Amand (Cher); — *la Font*, près de Marçais (Cher); — *la Font* de St.-Martin, à Saint-Amand; — *Clairfont*, près Vic-Exemplet (Indre); — *Font-Jouan*, près Coust (Cher).

*Forchat*, *Forchet*, — petite fourche. (Voy. *Fourcheton*.)

*Forfait* (*à*), — entièrement; s'applique aux choses fâcheuses; abîmé, perdu à *forfait*. (Voy. *Confondu*.)

*Forniat* [2], — oiseau qui vole à peine, récemment sorti du nid.

*Fornier*, — sortir du nid, manquer, se perdre.

*Fortuner* [3], — avoir la fortune contraire : voici l'endroit où il a *fortuné*, où il s'est tué ou blessé. Nous aurons une belle récolte, si ça ne *fortune* pas.

*Foucarade*, *Foucaral* [4], — évaporé, bruyant, brutal, emporté.

*Fouée !* — exclamation pour renvoyer un chien.

*Fouetter* [5], — jeter, porter un coup.

*Fougale*, — travail excessif; — la foule qui fuit.

*Fougaler*, poursuivre, chasser devant soi, donner beaucoup de travail; — *fougalé*, absorbé par le travail.

*Fougère fleurie*, — osmonde royale (Bon., 1589).

*Fouine*, — le fruit du hêtre.

*Fouineau*, — hêtre. (V. *Fouteau*.)

*Fouler*, — charger quelqu'un, lui nuire par un témoignage ou dans une répartition.

*Foulot*, — bourrasque de vent.

*Foulouer* [6], — instrument à fouler le raisin.

*Foupi*, — chiffonné.

---

1 A Paris on dit *Foirolle*.

2 Vient de *fors* et *nid*, hors du nid.

3 . . . Quand pour argent donné
Veut estre peint celuy qui sur mer *fortuné*
A souffert mainct naufrage.....      (VAUQ. DE LA FRESNAYE.)

4 Scarron a donné ce nom au valet de son *Don Japhet d'Arménie*. C'est un nom assez convenable au valet d'un fou.

5 Par adoucissement d'un mot grossier commençant par les mêmes lettres.

6 Sur chaque ustencil estaient escrits les noms de chacune chose en langue du pays. La vis du pressoir s'appelait recette, les *foullouers* acquits.

                 (RABELAIS, *Pantagruel*.)

*Fourache*, — farouche.

*Fourcheton*. — (Voy. *Forchat*.)

*Fourmi* (*un*) [1], — fourmi.

*Foussé* [2], — fossé.

*Foussonner*, — entasser des effets sans ordre dans une armoire, dans un coffre ; bouleverser tous les objets pour en trouver un seul.

*Fouteau*. — (Voy. *Fouineau*.)

*Foutinasser*, — tourmenter quelqu'un au moral.

*Fragner*, — gratter le dos.

*Framer*, — détruire, hacher, exterminer.

*Franchir*. — Ne pouvoir *franchir à parler*, se dit d'un bègue.

*Fraseties*, — cordons de souliers.

*Fré* (*mon*), — mon frère. (Voy. *Pé*, *Mé*.)

*Frée*, — fêlure.

*Frebaud*, *Ferbaud*, — gourmand.

*Fréler*, — frotter, battre.

*Fréquenter une femme*, — lui faire la cour.

*Frereux* (*cousin*), — cousin germain, enfants de deux frères.

*Fretailler*, — frapper.

*Fretasse*, — rien : il n'en reste pas *fretasse*, il n'en reste rien ; — résidu de peignage du chanvre. (Voy. *Fertasse*.)

*Freteux*, — (Voy. *Fertaux*.)

*Fricassée* [3], — dragées qu'on distribue à une noce.

*Fricot*, — mets.

*Fricoter*, — manger.

*Frimousse*, — figure, face ; se prend en mauvaise part. Quelle *frimousse* !

*Fringale*, *Fringalé*, — faim extrême ; exténué de fatigue.

*Fringuer* [4], — se dit de celui qui fait le pédant, l'entendu.

*Friquet*, — écumoire.

*Frissonnette* (*la*), — localité près Saint-Benoît-du-Sault (Indre).

*Froid* (*la*) — le froid : attraper *la froid*. (Voy. *Chaud*.) — *Froid aux yeux* (*il n'a pas*), — il n'est pas engourdi, c'est un luron.

*Froidir*, — se refroidir : il ne *froidit* pas, il ne reste pas longtemps en place.

*Fromentée*, — bouillie de farine de froment.

*Fromion*, *Fromiage*, — fourmi, fourmilière.

*Fronc*, — furoncle.

*Fronguler*. — (Voyez *Fonguler*.)

*Fronteau*, — bourrelet d'enfant.

*Froumi*. — (Voy. *Fourmi*.)

*Fubler*, — siffler.

*Fuiler*, — maudire.

---

1 Or *gentils fourmys*, je vous prie,
Si un jour Belleau tient sa mie.

. . . . . . . . . . . 　　　( RONSARD.)

2 Moins d'ung saut, passait un *foussé*.　　( RABELAIS.)

3 Ce sont les hommes invités qui se cotisent pour acheter les bonbons et qui les offrent dans de grands plats ou des soupières.

4 Dérivé de *Fringant*.

*Fumelle* [1], — femelle, — femme (dans le sens grivois) : c'est un *biau brin de fumelle!*

*Fumeriau*, *Fumerot*, — tas de fumier dans les champs. (Voy. *Fombrau.*)

*Fumure,* — engrais : ce champ a reçu une bonne *fumure.*

*Fuselier.* — (Voy. *Courgellier.*)

*Fuyent.* (*Ses habits le fuyent*), — se dit d'un homme amaigri, qui marche à sa fin prochaine. (Voyez *Branler dans ses habits.*)

---

1 Et ce fesant il égale
Les amours d'un palme (palmier) mâle
Qui, fait amoureux nouveau,
Se penche sur un ruisseau
Pour caresser d'un grand zèle
A l'autre bord sa *fumelle.*        ( RONSARD. )

# G

*Gabegie* , — ruse, tromperie.

*Gabi* , — Gabriel, nom de baptême.

*Gagner, Gangner* , — convaincre, entraîner (se prend en bonne part) : il hésitait, je l'ai *gangné.*

*Gâgnerie, Gangnerie,* — étendue de terres cultivées par le même laboureur.

*Gai, Gaitte,* — gai, gaie. (Voy. *Ch'ti, Ch'tite.*)

*Gaignage* [1] , — lisière des bois.

*Gaïssau,* — mauvais sujet.

*Galaffre,* — gourmand.

*Galapiat, Gallauby, Galbiou,* — galopin, polisson, vaurien. (Voy. *Galfertiau.*)

*Galerne* ( *vent de* ), *Galarne* [2] , — est, vent d'est.

*Galfertiau,* — garnement. (Voy. *Galapiat* et *Garnipiou.*)

*Galine,* — petite pierre servant de but au jeu du palet.

*Gallois.* — (V. *Coucou* ( *fleur de* ).

*Galoufrier,* — sorbier allouchier (Bor., 426).

*Galope-science,* — ignorant.

*Gamachon,* — petit gamin. (V. *Gas, Ganet, Ganillon.*)

*Gamboulles,* — ampoules.

*Gamby,* — boiteux, qui a les genoux tournés en dedans. (Voy. *Jarraud.*)

*Gangnage.* — (Voyez *Gâgnerie.*)

*Ganivelle,* — merrain, douves de tonneaux de seconde qualité.

*Gants, Gants Notre-Dame,* — ancolie commune (Bor., 42).

*Gapiers,* — tas de balle d'avoine ; on dit d'une personne qui marche difficilement, qu'elle va *comme un limas dans les gapiers.*

*Garaud,* — qui ne marche pas d'aplomb.

*Garets,* — guérets.

*Garfouler, Gourfouler* [3] , — fouler, abîmer, abattre.

*Garfoulure,* — foulure.

*Gargaillou,* — fruit de l'églantier.

---

[1] Les cerfs , soit en la taille ou soit dans les *gaignages,*

Y font leurs viandis, leurs buissons , leurs ombrages.

                 ( Vauq. de la Fresnaye.)

[2] D'après l'Académie, c'est le vent du nord-ouest ; mais sur les bords de la Loire, c'est le vent d'est.

[3] D'un hiver englacé tout roidy de froidure ,

Et qui *gourfoule* tout d'un pas audacieux.      ( Pierre Larrivey.)

*Gargot*, — cabinet noir, prison des petits enfants.

*Gariau, Garelle, Gariolé* [1], — de couleur bariolée.

*Garir, Guarir* [2], — guérir.

*Garnipiou* [3]. — (Voy. *Galfertiau*.)

*Garsouiller*, — salir, gâter, détériorer.

*Gas, Ganet, Ganillon*, — garçon et ses diminutifs; se prend souvent en mauvaise part : *c'hti gas!* (Voy. *C'hti*.)

*Gassot* [4], — baquet pour mesurer le blé.

*Gâte*, — gâté, malade, en mauvais état.

*Gâte-souris*; — localité près de Montchevrier (Indre). (Voyez *Trompe-souris*.)

*Gaujer*, — enfoncer dans la boue liquide jusqu'au-dessus du quartier du soulier ou du sabot; — s'emploie au figuré pour une faute commise.

*Gaupe* [5], — femme malpropre.

*Gausse*, — mensonge innocent.

*Gavaud*, — celui qui marche mal.

*Gazelle* ou *Gamelle*, — truie. (Voy. *Mère-Michel*.)

*Gazut* [6] *(manger son)*, — manger son bien.

*Geargio*, — gesse sans feuilles (Bor., 524). (Voy. *Luzet*.)

---

1 Les bergères du Berry chantent, sur l'air de la Bourrée, la chanson suivante :

> Vire le loup,
> Ma chienne *garelle*,
> Vire le loup
> Quand il est saoûl;
> Laisse-le là,
> Ma chienne *garelle*,
> Laisse-le là
> Quand il est plat.

Cette chanson a un sens ironique : c'est quand les loups sont repus, qu'ils sont le moins à redouter pour les troupeaux, et *vice versâ*.

2 Si l'estat de nos affaires et le mal qui nous presse se pouvait *guarir* par de belles paroles, etc.    (Lettre de HENRY IV aux maire et eschevins de la ville de Bourges, du 22 septembre 1600.)

Et que s'ils pouvaient recouvrer d'icelle pierre philosophale, tant petite pièce fût-elle, ils feraient merveille, transmuteraient métaulx, rompraient les barres des portes ouvertes, *gariraient* ceulx qui n'auraient point de mal, etc.

(BONAV. DES PERRIERS.)

Dequoy Périclès, estant fort desplaisant, la déesse apparut à luy, de nuict, en dormant, qui lui enseigna une médecine, de laquelle il *garit*.

(AMYOT, *Vie de Périclès*.)

3 L'étymologie est sans doute : *garni de poux*.

4 Le *Gassot* prend son nom d'un maire de Bourges, du dix-septième siècle, qui, le premier, en prescrivit l'usage.

5    Allons, vous, vous rêvez et bayez aux corneilles,
> Jour de Dieu ! je saurai vous frotter les oreilles :
> Marchons, *gaupe*, marchons.    (MOLIÈRE, *Tartuffe*, 1, 1.)

6 Du latin *gaza*.

*Gêble*, — hièble. (BOR., 626.) (Voy. *Huble* et *Iauble*.)

*Gebut*, — chaine d'une corde à puits.

*Gendives*, — gencives : les *gendives* me saignent.

*Génestrole*, — genèt des teinturiers (BOR., 433).

*Genette à balais*, — sarothamne à balais (BOR., 429).

*Genièvre*, — homme dont les cheveux grisonnent comme une touffe de genévrier.

*Geniller*, — poulailler.

*Gens* (*bonnes*). — (V. *Bonnes gens* et la note au mot *Nayer*.)

*Gentement*, — gentiment.

*Gentilhomme*, — barreau de fonte qui soutient la *dame*. (Voy. *Dame*.)

*Gent, Gente* ¹, — joli, jolie : c'est une *gente* fille.

*Gêpe*, — guêpe; nid de guêpes.

*Gerdriau*, — vesce à fleurs solitaires (BOR., 508.) (Voy. *Jaraude*.)

*Gerente*. — (Voy. *Girande*.)

*Gerly*, — frileux.

*Germin, Germine, Cousine germine*, — germain, germaine, cousine germaine.

*Gifle*, — tape sur la joue.

*Gifleur*, — donneur de *gifles*.

*Gigant, Gigasse*, — boiteux.

*Gigasser*, — boiter.

*Gimboize*, — de guingois, de côté, de biais.

*Girande*, — femme en couche. (Voy. *Gerente*.)

*Girie*, — plainte hypocrite, jérémiade ridicule.

*Girot*, — sang de bœuf coagulé sous forme de boudin.

*Giter* ², — jeter.

*Glas* ³, — glace : le *glas* est épais.

*Glène, Gléner, Gléneur* ⁴, — glane, glaner, glaneur. On prononce aussi *yener* en mouillant les deux premières consonnes comme dans *aveuiller* pour *aveugler*. (Voy. ce dernier mot.)

*Glotte* ⁵, — paille longue, paille triée.

*Glotton*, — petite gerbe de paille longue; brandon pour la

---

¹ C'est l'ancien mot français d'où l'on a tiré, par dérivation diminutive, *gentil, gentille*. Marot a dit, dans des rimes fraternisées bien connues :

> Dieu gard' ma maîtresse et *régente*
>
> *Gente* de corps et de façon.

Et Ronsard :

> Nous t'estimons une déesse,
>
> *Gente* grenouille qui sans cesse
>
> Te désaltères quand tu veux.

² Se il la met dans un sac et il l'en *gite*, desor le pont en l'aive (l'eau).

(RUTEBEUF, *le diz de lerberie*.)

³ Dans les provinces du midi, en Dauphiné par exemple, on dit le *gel* pour la gelée.

⁴ Deloing suivant leurs pas comme on voit le *gléncur*
Ramasser les espics, après le moissonneur. ( JOACHIM DUBELLAY.)

⁵ Ce mot vient du vieux français *glu, gluy, gluyon, gluyot* (ROQUEF., *Gloss.*, t. I, p. 693), signifiant *gerbe, botte de paille ou de seigle*.

pêche au feu sur les sables de la Loire. On prononce aussi *yotton*. (Voy. l'observation sur les mots *Glener* et *Aveugler*.)

*Gname*, — large bouton.

*Gniau*, — œuf naturel ou en pierre, laissé dans le nid des poules pour les engager à pondre; — se dit encore de l'argent qu'on suppose rester au richard qui a payé une forte somme : il n'a pas tout donné, il a laissé le *gniau*.

*Gnognot*, — niais.

*Gnole*, — très-petite barque, yole.

*Gnot*, — noyau de pêche.

*Gobe*, — engourdi : mains *gobes*, engourdies par le froid.

*Gobille*. — (Voy. *Chique*.)

*Gode*, — vieille brebis.

*Godignat*, — mélasse.

*Goffe*, — tourbillon de pluie.

*Gogne* [1], — bourrelet qui retient les jupes.

*Gogueluchon*, — cône intérieur des feuilles de l'artichaut.

*Goïlle*, — fondrière.

*Gonère*, — gâteau de fromage aux pommes.

*Gonfle*, — gonflé. (V. *Enfle*, *Use*, et dans l'introduction, *page* 9, la note contenant les mots où l'*e* muet a été substitué à l'*é* fermé.)

*Gorgette*, — fauvette.

*Gotte (la)*, *Gotti (la)*, *Gotton*, *Margotton*, — dérivés de Marguerite.

*Gouailler*, — plaisanter, tourner en ridicule.

*Goudiche*, — petit pain mis à part dans la fournée du domaine pour les vachers : va porter la *goudiche* au vacher!

*Gouillat*, — mare d'eau; il y a à Bourges le *grand Gouillat*.

*Gouillayon*, — gosier.

*Gouiller (se)*, — se salir dans la boue, se crotter.

*Gouillot*, — gourmand.

*Gouillou*, *Gouillouse*, — ventru, ventrue; se dit principalement des vaches.

*Gouinard*, — coureur de personnes de mauvaise vie.

*Goulée* [2], — gueulée, bouchée; les bergères rappellent leurs chiens en disant : viens *qu'ri ta goulée*, mon valet, viens *qu'ri ta goulée!* (Voy. *Querir*.)

*Goule-Gens (les)*, — localité près d'Eguzon (Indre).

*Goulet*, — vide ou passage dans une haie. (Voy. *Ecrasée*.)

*Goulipard*, — gourmand.

*Goulle*, — bouche.

*Goullin*, — bouchée.

*Gour*, — pièce d'eau profonde et bourbeuse.

*Gourd*, — engourdi par le froid; — au figuré : il n'est pas

---

1 *Gogne* doit être une modification de *gonne*, *gonnelle*, espèce de cotte de laine, ou casaque pour la chasse.

2 Enfer tressue, enfer frémit,
Enfer dolore, enfer gémit,
Enfer lamente, enfer soupire,
Enfer ne set qu'il puit mais dire,
Quand perdu a la grant *goulée*
Qu'avait jà prise et engoulée.

      ( RUTEBEUF, *Légende de Théophile*.)

*gourd*, pour dire il n'est pas sot.

*Gourganet*, — fond du gosier.

*Gouri*, — petit cochon.

*Gourmi, Groumi*, — croupi : eau *gourmie*, eau croupie.

*Goursailler*, — gâter, abîmer, saccager.

*Goûter*, — dîner.

*Gouttereau*, — long pan d'un bâtiment. (Voy. *Alumelle*.)

*Goyard*, — serpe à long manche muni d'un crochet sur le côté, servant principalement à réparer les bouchetures.

*Goy* [1], *Gouy*, — serpette de vigneron.

*Grafigner*, — gratter, égratigner. (Voy. *Egrafigner*.)

*Graine (n'avoir pas la)*, — ne rien posséder d'une chose en général.

*Grainer*, — abonder en grains : ce blé *graine bin*.

*Grâler*, — faire griller : châtaignes *grâlées*.

*Grâloire*, — poêle à châtaignes.

*Grand'mère*, — sage-femme.

*Grappeter*, — grapiller.

*Gratter*. — Ce mot a formé les composés suivants : *Gratte-bec*, — localité aux environs de Preuilly (Indre-et-Loire); — *Gratte-chien*, — localité

près de Bouy (Nièvre); — *Gratte-oreille (rue de)*, — chemin où on hésite à s'engager.

*Gravelins*, — petits saules plantés dans les graviers des rivières. (Voy. *Verdiaux*.)

*Graviller*, — gravir.

*Graviolles*, — grenailles.

*Gravouiller*, — démanger.

*Gravoyer*, — ramasser les épis qui ont échappé aux premiers glaneurs.

*Grelet*, — grillon. (Voy. *Guerlet*.)

*Grelon*, — frelon.

*Gremille, Gremillons*, — grumeaux, portion durcie d'un liquide : tout *à gremillons*. (Voy. *Groumignons*.)

*Gremiller*, — émier, émietter, réduire un corps sec en petits fragments en le froissant entre les doigts.

*Gremillon*, — amande de noix.

*Grenachou (chemin)*, — chemin fangeux.

*Grenoille* [2], — grenouille.

*Grenouillat*, — mare. (Voyez *Gouillat*.)

*Grenouille (grains de)*. — (Voyez *Canillée*.)

*Greuziller*, — grignoter, mâcher indolemment.

*Grignaud*, — de mauvaise hu-

---

1 . . . . . . . . . . . . Lors me levant soudain,

J'empoignai d'allégresse un *goy* dedans la main.

Taschaient l'ung l'autre à se rendre deffaites

A coups de *goy*, de houlette et de fronde.    (MAROT.)

2 Dénicheaus des passereaux, prenans des cailles, peschans aux *grenoilles* et escrevisses.    (RABELAIS, *Gargantua*.)

Royne en Picard ou *grenoille* en français.

. . . . . . . . . . . . . . . . . . .

L'œil de *grenoille* a le don gracieux

Lors d'esclaircir l'œil humain chassieux.

(MATHIEU DE BOUTIGNY.)

meur, maussade; — couvert d'aspérités.

*Grigne* [1], *Grignotte*, — petite parcelle d'une chose, une miette. (Voy. *Gremille.*)

*Grigner*, — être maussade; — grincer.

*Grille-midi*, — hélianthème taché (Bor., 222).

*Grime*, — un grain de fruit à grappe : une *grime* de raisin.

*Gringalet*, — garçon mince de de corps, — homme de peu de consistance.

*Grisaille*. — (Voy. *Aubrelle.*)

*Groiselle*, — groseille. (Voyez la note au mot *Cinelle.*)

*Gromouneux*, — grognard.

*Grossier*, — gros et gras.

*Grossouvre* [2], — forges près de la chapelle Hugon (Cher).

*Grot, Grote*, — gros, grosse: *grot homme, grote orge.* (V. *Grout.*)

*Grouée*, — couvée de poulets, de canards.

*Grouer*, — se dit d'une maladie, d'un orage, d'une querelle qui se forment.

*Grouin* (*il y a du*), — du bruit, de la querelle.

*Groumeler* [3], —grommeler, murmurer.

*Groumignons*. — (Voy. *Gremille.*)

*Grout*, — gros : *grout homme*. Le pluriel, les *grous*, se prend pour signifier les riches. (Voy. *Grot.*)

*Grugeur*, — celui qui gruge.

*Gruncher*, — grincer.

*Guenau*, — gueux.

*Guéniot*,—gosier, trachée artère.

*Guépin*, — se dit de l'homme qui met plus que de la finesse dans ses marchés.

*Guerdeau*, — pauvre, déguenillé, expression de mépris.

*Guerdin*, — petit crochet adapté à une ficelle sur le devant de la cheminée, et auquel on suspend une volaille pour la faire rôtir : il remplace le tournebroche ou la cuisinière.

*Guerlet*. — (Voy. *Grelet.*)

*Guerlingeons*,— glands de laine qui pendent à la bride des chevaux de campagne.

*Guernier* [4], — grenier.

*Guette*, — armoire, tiroir. (Voy. *Liette.*)

*Gueuche*, — perche à volaille.

---

1 La langue française doit réclamer ce mot comme très-expressif, et représentant fort bien les menues parcelles des corps; le verbe *grignoter* suppose *grigne*; et en effet, *grigne* est français, mais dans le sens très-restreint d'un terme de chapellerie : il signifie alors les défauts du feutre parsemé de grains. Il est évident qu'il a eu un sens général avant d'avoir le sens tout spécial auquel le réduit le Dictionnaire de la langue actuelle.

2 Grosse-œuvre.

3 Tout le tourment qui me poinct,
C'est quand mon ventre *groumelle*
Faute de ne boire point.

(Adam Billaut, le menuisier de Nevers, *chansons bachiques.*)

4 Si mon bled estait dans mon *guernier*, et li *guernier* fondoit ou perçoit en telle manière que nos bleds cheist en un autre *guernier* sur le bled d'aucun.

(Phil. de Beaumanoir.)

*Gueucher*, — jucher.

*Gueugne*, *Gueugner*; — coup qui laisse une trace profonde, porter un coup.

*Gueulard*, — orifice supérieur d'un haut-fourneau.

*Gueule*. — Ce mot a formé les composés suivants : *Gueule carrée.*, — beau parleur ; — *Gueule de loup*. — ( Voy. *Bálotte*); — *Gueule fine*, — gourmand ; — *Gueule fraîche*, — ivrogne, friand ; — *Gueule noire*, — ouvrier des forges.

*Gueuleton*, — festin, banquet.

*Gueuse*, — gros lingot de fonte.

*Gueux de nez*, — pauvre de nez, camus, ayant le nez court. (Voy. *Dénété.*)

*Guilané* [1], — aumône spéciale aux premiers jours de l'année.

*Guinche* (*faire la*), — baisser la tête après une mauvaise action.

*Guincher*, — pencher.

---

[1] Ce mot vient sans contestation des anciennes fêtes gauloises, *au gui l'an neuf.*

# H

Habile ! habile ! — allons! allons! Habile ! habile ! dégageons-nous! (Voyez Dégager. )

Hameau , — cuve oblongue pour charger la vendange.

Hanebane. — (Voy. Chevaux (herbe de).

Haïs (je l') [1], — je le hais.

Harnais, — toute espèce de garniture d'outils, d'engins. — Ex. harnais de pêche. (Voy. Aplettes. )

Harne, — ondée, giboulée.

Havé, — hâlé, hâve, — saisi par la chaleur, desséché.

Hébregeant, Hébergeant, — lo-geable. ( Voy. Abreger.)

Héger (faire) le chande, — faire rouir le chanvre.

Herbe à la pourrie. — (Voyez Bonbon noir.) — Herbe sainte, — armoise, absinthe (Bon., 7 1 1).

Herber, Herbé, — se garnir d'herbe, herbeux.

Héritance, Héritation,—héritage.

Heure. — Heure (belle) : par contraction, bell'-heu, d'hell'-heu, — bientôt : il aura bell'-heu fait; — longtemps : il y a belle heure! il y a longtemps; — Heure (bonne), gagner la bonne heure, terminer une chose plus tôt qu'on ne pen-sait. — Heure (à quelque, à queuque), tantôt, un jour : j'voirons çà à queuque heure.

Hierre [2], — lierre.

---

[1] Nul n'en dit voir c'on ne l'assome,
　　Lor haine n'est pas frivole. 　　(RUTEBEUF, les ordres de Paris.)

[2] Chez l'autre sont les murs vieux, hideux de ronces et d'hierre. (JOACH. DU BELLAY.) — Ce mot est un de ceux qui montrent le mieux comment la véritable langue s'est quelquefois conservée dans les provinces, en même temps qu'elle se corrompait dans la capitale et chez les écrivains; hierre est le véritable mot français; il se tire immé-diatement du latin hedera; quant à lierre, c'est un barbarisme étymologique, formé par la confusion de l'article avec le substantif; on a dit lierre pour l'hierre, ou pour li erre (ROQUEF., Dict. étymol. II, p. 22). Cette formation de mots n'est pas très rare en français; on a dit ainsi loure, sorte de grande musette pour l'oure ( l'outre ; on sait que le joueur de musette souffle dans une outre); luette pour l'uette ou l'uvette (du latin uva, à cause de sa forme qui ressemble à un grain de raisin (ROQUEF., Dict. étym.); alerte pour à l'erte (de l'italien all' erta, ibid.); alarme pour à l'arme ( de l'i-talien all' armi); lors, alors pour l'ore, à l'ore ( du latin hora). — Il n'y a pas jus-qu'aux noms de pays que nous avons quelquefois allongés par ces prosthèses dérai-sonnables : du Bruttium des latins nous avons fait l'Abruzze au lieu de la Bruzze; en revanche nous avons quelquefois donné à l'article l'a qui appartenait au nom : la Pouille pour l'Apouille (du latin Apulia); la Natolie pour l'Anatolie ( du grec Ἀνατολή, le Levant, c'est-à-dire l'Asie-Mineure qui était au levant de la Grèce).

*Hivernot*, — lieu exposé au nord : cette vigne gèle souvent, elle est à l'*hivernot*.

*Hoca* [1], — inégalité du sol des routes.

*Hocasseux*, — cahoteux.

*Hommée*, *Houmée*, — mesure de terre plantée en vigne qui peut être cultivée en un jour par un homme.

*Horreur*, — erreur.

*Hotteriau*, — petite hotte, crochet qui se place comme une hotte.

*Houme* (*nout*), — notre homme; manière de s'exprimer d'une femme en parlant de son mari.

*Hubles.* — (Voy. *Gèble.*)

*Hureux* [2], — heureux. (Voyez *Malhureux.*)

*Hustuberlu*, — hurluberlu.

---

1 Ce mot est attesté par un ingénieur des ponts-et-chaussées, dont le zèle s'applique chaque jour à ce que cette expression tombe en désuétude. *Hoca* est formé par inversion de *cahot*. Voy. aussi Dict. de l'Académie au mot *hoc*.

2 Quoiqu'il faille prononcer *heur*, *bonheur*, *malheur*, on dit néanmoins *hureux*, *bienhureux*, *malhureux*. On dit aussi : *valureux*, quoiqu'on dise *valeur*.

(MESNAGE.)

# I

Iauble. — (Voy. Gèble.)

Ici [1], — ci : dans ce mois ici, dans ce temps ici.

Icite, — ici.

Igneau, ignelle, — agneau mâle, agneau femelle.

Ignelin, — laine des agneaux.

Imaginant, — étonnant : c'est imaginant!

Imbériat, Imbriat, — sot, hébêté comme un homme ivre. (Voy. Ebriat, Mongin.)

Infruit, — jouissance de biens, usufruit.

Ingrain, — froment locular. (Bon., 1559.)

Innocentement, — innocemment.

Instant, — existant : il n'est pas mort, il est toujours instant. (Voy. Viquant.)

Iragne, Irantaigne, — araignée, toile d'araignée. (V. Araigne.)

Iranteler, — enlever les toiles d'araignées.

Irantelles [2], — toiles d'araignées.

Itou, — aussi, pareillement.

Iventaire, — inventaire.

Ivrer (s') [3], — s'enivrer.

Ivrognes. — (Voy. Compagnons rouges.)

---

[1] Et si quelque maitresse en ces beaux mois icy,
Lui tourmente le cœur d'un amoureux souci.        (RONSARD.)

[2] C'est un mot excellent, mais corrompu ; il faudrait dire arantèle (araneæ tela), et de même aranteler pour enlever les toiles d'araignées. Aujourd'hui arantèles ne s'emploie en français que pour désigner les filandres aux pieds du cheval ou du cerf ; il est à désirer qu'on nous restitue ce mot dans son sens propre et étymologique.

[3] Ceux ont l'âme plus divine
Qui boivent l'eau crystaline
Que Pégase fit sortir
Et qui bouillant de jeunesse
S'ivrent au cours du Permesse.        (AM. JAMYN.)

# J

Jabler, — abattre; se dit principalement de la récolte des noix.

Jabra, — femme déhanchée.

Jageais, — hébété.

Jagne. — (Voy. Jaques.)

Jagneau, — faux, en dessous.

Jagner (se), — se cacher en se baissant.

Jagouasse, — chélidoine, éclaire (Bor., 112).

Jaleux [1], — jaloux.

Jalouseté, — jalousie.

Jalousies, — giroflée, violier (Bor., 120), et œillet de poète (Bor., 234).

Jaques, — espace qui se trouve aux maisons des paysans, entre le haut des murs et le toit.

Jaraude. — (Voy. Gerdriau.)

Jardir, — faire l'amour : les oiseaux jardissent; au mois de mai, tout jardit.

Jardrain [2], — jardin.

Jarlée, — petite cuve que l'on place sur une voiture et qui sert à transporter la vendange de la vigne au pressoir.

Jarraud, — qui a les genoux en dedans. (Voy. Gamby.)

Jarrer, — lancer : jarrer des pierres.

Jars, — gravier.

Jau [3], — coq, oiseau de basse-cour.

Jaucher [4], — caresser.

Jé ! — interjection d'étonnement.

Jean (herbe saint-), — gléchome lierre terrestre (Bor., 942).

Jeannette. — (Voy. Coucou (fleur de); — Jeannettes blanches, — narcisse des poètes (Bor. 1312).

Jement (prononcez J'ment), — jument.

---

1 Et qui plus est, le défend
Qu'une voisine bavarde
Dans la chambre ne regarde,
Qui peut être coûterait
D'avoir veu ce qu'el n'aurait,
Et lui ferait, la jaleuse!
Une farce scandaleuse. (Ronsard.)

2 Une cour et ung jardrain.
(Décret de Saint-Caprais devant le bailli de Saint-Florent. 1635.)

3 Et les faisait danser comme jau sur brèze. (Rabelais, Pantagruel.)

4 Ronsard a dit dans une de ses joyeusetés :
Pour mieux te jaucher un petit.

Olivier de Serres, Théâtre d'Agriculture, écrivait chaucher : c'est merveille, dit-il, du tourment que les dindars donnent aux poules par intempérament les chaucher à l'arrivée du printemps.

*Jérusalem*, — localité prés de Saint-Vrain (Nièvre).

*Jeudy*, — grillon des vignes.

*Jeunesse* (*une*) [1], — une jeune fille, un jeune homme.

*Jiau*, — clôture avec des échalas.

*Jibler* (*se*), — s'élancer à corps perdu.

*Jille*. — (Voy. *Fic-foire*.)

*Jiller*, — jaillir ; — lancer des coups de pied en traître.

*Jiter*, — jeter.

*Jointée*, — ce que peuvent contenir les deux mains jointes. (Voy. *Manée*.)

*Jointes, Jointeau*, — glas funèbre : un tel est mort, le *maril-lier* sonne les *jointes*.

*Jollet*, — petit coq. (Voy. *Jau*.)

*Jonc à balais*. (Voy. *Balai de silence*). — *Jonc des chaisiers, des tonneliers*, — scirpe des lacs (Bon. 1379).

*Jotte*, — moutarde des champs (Bon. 159).

*Jouir d'une chose*, — en venir à bout.

*Jour failli*, — à la tombée de la nuit.

*Journau de terre*, — journal, ce qu'on peut en labourer dans un jour. (Voy. *Chevau*.) — On dit rarement *des journals*.

*Joûter* [2], — confiner un terrain : joindre, être limitrophe : mon champ *joûte* au sien.

*Joûtes*, — limites, lignes séparatives des propriétés. — *Joûtes* (*donner des*), se dit ironiquement de celui qui mange son bien, qui vend sa propriété.

*Judas* (*bourse à*), — capselle bourse à pasteur (Bon. 174).

*Jús* (*au*), — auprès : *au jús* de là, jusque-là, jusqu'à ce que.

*Jut, Jus*, — à bas, en bas, à terre.

*Jut, Jute* (*terrain*), — nivelé. (Voy. *Ajuter*.)

---

[1] Di que je fus couplé sous le joug d'hyménée
Avec une *jeunesse* à toute vertu née.    (Vauq. de la Fresnaye.)

[2] Pour *jouxter*, de l'ancienne préposition *jouxte*, venue du latin *juxta*.

# L

*Laboureux* [1], — laboureur.

*Lâchance*, — relâchement, remission.

*Lâcher*, — cesser : il ne *lâche* pas de parler.

*Lâchure*, — éclusée.

*Lacs*, — sangle de la corde à hâler les bateaux.

*Laira, Lairai, Lairons, Lairions* [2], — futur et conditionnel du verbe *laisser.*

*Lait* (*épi de*), — ornithogale penché (Bon., 1301).

*Laiton*, — se dit d'un veau ou d'un poulain qui tète encore sa mère.

*Lambreuche* [3], — lambruche, lambrusque (vigne sauvage). (Bon., 97.)

*Lambriches*, — franges.

*Landée*, — série de *plaquis* (Voy. *Plaquis*) : vendre son bois à *la landée.*

*Landiers* (*les*) [4], — chenets de cuisine. (Voy. *Languet.*)

*Langard* [5], *Languard*, — qui a de la langue, bavard.

*Lange-blanc*, — localité près de Lignières (Cher.)

---

1 Le *laboureux* a beste couchant en une parroisse et le dict *laboureux* laboure en une autre parroisse ; le curé où coucheront le *laboureux* ou les bestes suivra son *laboureux*, et aura le demi dixme d'iceluy posé que il ait labouré en une autre parroisse comme dessus est écrit, et telle est la coustume.

(Ancienne coustume de Bourges.)

2 Nous ne la *lairrions* pas tomber (notre croyance) à la merci d'un nouvel argument.                (Montaigne.)

Quant aux paons, vous leur *lairrez* la liberté de jucher partout.

(J. Liébault, Maison rustique.)

> Et moy de l'autre part feignant une autre affaire,
> Seulet je vous *lairrais* dans ce lieu solitaire.    (V. de la Fresnaye.)

> Par vostre foy, me *lairriez*-vous pas faire,
> Qu'en dites-vous ?           (Jean Marot.)

Et est ici plus œuvre de Dieu que des hommes, et cela fait présumer que les affaires de France se portent bien et que Dieu ne les *lairra* point.

(François I<sup>er</sup> au lit de justice du mois de décembre 1527.)

3 Du latin *labrusca.*

4 Si bien qu'ils furent contraincts de se lever de table et aller à la cuysine où ils ne trouvèrent âme vivante et le feu tout mort et les *landiers* froids comme ceux d'une confrérie.               (Brantôme.)

5 L'autre fut grand *langard*, révélant les secrets.    (Régnier.)

*Langout*, — orvet (reptile).

*Langue de peille*, — langue de vipère (injure). (Voy. *Peille*.)

*Languer*, — styler, faire la leçon.

*Languet*. — (Voy. *Landiers*.)

*Lanlus*, — terrains bas et marécageux.

*Lâpeau*, — lâche, fainéant.

*Lapigne, Lapignon*, — guenilles, vieux habits, pièces de toutes couleurs, torchon ; — on dit : ce n'est bon qu'à mettre aux *lapignons* ; marchand de *lapignons*.

*Lappes* [1], — capitule de fleurs ; tête de la plante appelée *bardane*. (Voy. *Coupeau*.)

*Las* (*en avoir tout son las*), — en avoir assez pour se lasser.

*Lassée*, — bas côtés de grange.

*Lauche*, — bande, tranche de terre.

*Laugout*, — vigneron.

*Lave* (*ça*), — la boue est liquide. (Voy. *Coule* (*ça*).

*Lécherie* [2], — gourmandise. (V. *Léchouinerie, Lichouerie*.)

*Lécheur, Lécheux, Léchoin*, — gourmand, friand.

*Léchouinerie*. — (Voy. *Lécherie*.)

*Lessif, Lessu, Lissu*, — eau de lessive.

*Lever*, — emmener, enlever, prendre.

*Li*, — lui.

*Lian* [3], — loin, éloigné.

*Lian en dedans*, — là-bas, làbas !

*Lican*, — espèce de corde (terme de marine fluviale).

*Licher* [4], — lécher.

*Licheur, Lichouis*, — parasite, gourmand.

*Lichouerie*. — (Voy. *Lécherie*.)

*Lictin*, — nom que les gens de la campagne donnent à ceux d'entr'eux qui savent lire.

*Lien* (*on voit le*), — c'est usé, presque fini.

*Lierrebois*, — lierre grimpant (Bor., 547).

*Liette*, — armoire, tiroir. (Voy. *Guette*.)

*Lieu*. — Ce mot a formé divers noms de localités : *Le Lieu de Tianges*, *le Lieu-Tasson*, *le Lieu-Tonneau*, près d'Omery (Cher) ; *le Lieu* (par excellence ?) près Cours-les-Barres (Cher).

---

[1] En latin *lappa*.

[2] Li autres par sa *licherie*
    Est entrez en l'infirmerie. (Rutebeuf.)

[3] *Lian*, ou plutôt *lians* est notre vieux mot *léans* (là dedans), opposé à *céans* (cidedans). *Léans* signifiait autrefois la ville ou la maison où l'on n'était pas, et *céans* celle où l'on était. C'est ainsi que La Fontaine a dit dans la Mandragore :

. . . . . . L'épouse de *léans*,
A dire vrai, recevait bien les gens.

Et la *satire Ménippée*, dans les *nouvelles des régions de la lune* : « Ne savez-vous pas, gens du monde, que l'on plaide *léans* ? »

[4] . . . . . . . . Alors le flot qui voit
Que le bord luy fait place, en glissant le reçoit
Au giron de la terre, appaise son courage
Et la *lichant* se joue à l'entour du rivage. (Ronsard.)

*Lignoux*, — il n'a pas le *lignoux*, il parle facilement.

*Limas* [1], —limace. (Voy. *Loche*, *Lumas*.)

*Limouzine*, — manteau en poil de chèvre ou en grosse laine.

*Linard*, — Léonard.

*Lingue*, — langue.

*Liron* [2], — toute espèce de gros rat.

*Lisard*, — qui sait lire, malin, fin en affaires.

*Lisardier*, — qui s'en va lisant.

*Lisette*, — serpette.

*Lisotter*, — lire mal.

*Litte* [3], — élite.

*Litté*, — choisi, trié.

*Liure*, — licou.

*Locature.* — (Voy. *Accense*.)

*Loche*, — limace. (Voy. *Limas*.)

*Loi.* — *Ma foi! ma loi!* (Voy. *Foi*.)

*Long (au)*, — auprès : viens-t'en au long de moi!

*Longuerelle*, — portion de forme allongée d'un objet, principalement d'un terrain; se dit aussi du terrain tout entier lorsqu'il a cette forme : une *longuerelle* de pré, un pré en *longuerelle*.

*Loquetoire* [4], — clef particulière au maître de la porte d'entrée d'une maison; passe-partout.

*Lordenne*, — migraine.

*Louara*, — loup garou.

*Louager*, — petit locataire de biens ruraux.

*Louagerie*, — petit bien rural. (Voy. *Accense*, *Locature*.)

*Louison*, — diminutif de Louis.

*Loup*, — agglomération de matières qui engorgent le creuset d'un haut-fourneau. (Voy. *Renard*.)

*Loup (queue de)*, — mélampyre des champs (Bor., 1043). — *Loup (rose de)*, — pavot, coquelicot (Bor., 108). (Voy. *Schnute*.)

*Loupe*, — boule de fer sortant du fer d'affinerie.

*Louperie (la)*, — localité près de la Celle (Nièvre).

*Loûtier* [5], — espèce de sorcier qui a des intelligences avec les loups. (Voy. *Carrage* et *Meneux de loups*.)

*Lumas.* — (Voy. *Limas*.)

*Luminon*, — lampion, rat de cave, bougie de résine que les gens de la campagne collent à la cheminée.

*Lunette*, — linotte.

*Lutte*, — monte des béliers.

*Lutter.* — Le bélier a *lutté*, a fait la monte.

*Luzet.* — (Voy. *Geargio*.)

---

1 Voy. *Gapiers.* — *Un limas dans les gapiers*, comparaison qui rappelle le *mus in pice* des anciens (une souris dans de la poix).     (Montaigne, *Ess.* III, 13.)

2 L'Académie renvoie au mot *lérot*, espèce de loir à queue velue. Les rats ont au contraire la queue écailleuse.

3 Prix du bled froment *litte* dont se fait le pain blanc appelé *miche*.
         (*Règlement pour les boulangers de Bourges*, du 7 mai 1597.)

4 Dérivé évidemment de *loquet*.

5 Ce mot est contracté de *louvetier* ou *loupetier*. Pour reconnaître les bons offices du *loûtier*, les loups respectent son troupeau et sa basse-cour. Le *loûtier* a soin d'acheter aux gardes le foie des loups qu'on tue, et en compose des philtres.

# M

Machin, — se dit en parlant d'un objet dont on ne trouve pas tout de suite le nom propre.

Machons, — peau de mouton débordant sur le devant des sabots.

Maçouner, — parler entre les dents ; grignotter, manger lentement.

Maçounneux, — qui parle entre les dents, etc.

Madine oui, madine non, — mon Dieu oui, mon Dieu non.

Ma fion! ma hion! — (Voy. Foi! (ma) ma loi!)

Maffion, — enfant éveillé.

Magner [1], — manier, prendre, toucher ; — maltraiter : je l'ai bien magné.

Mai, — aubépine (Bor., 412). — Mai (blanc de), — bouillon blanc (Bor., 1012). — Mai (œillets de). (Voy. OEillets.)

Maihon [2], — maison.

Maillons. — (Voy. Alouette (tête d').

Maishuy [3], Meshuy, — aujourd'hui, présentement, à l'avenir, tantôt : vous ne le reverrez meshuy, vous ne le reverrez pas d'aujourd'hui.

Mais [4], — plus ; d'abord, en pre-

---

1 La première acception de mot vient évidemment de *manus* et de *main*, tandis que la seconde est une contraction de *mehaigner*, estropier, blesser mortellement, mutiler.

Et battre et *mehaigner*.          (*Rom. de Bertrand Duguesclin.*)

2 L's est supprimé par euphonie. Il en est souvent de même des *r*, principalement dans le Sancerrois. (Voy. *Pé*, *Mé*.)

3 Il vaudrait mieux écrire *mais-hui*, qui veut littéralement dire *dorénavant*; car, dans les noms de temps, *mais* se rapporte toujours à l'avenir, à *jamais*, *désormais*. *Mais-hui* qui, dans l'ancien français, s'écrivit quelquefois *hui-mais*, signifie donc *pour l'avenir*, *à partir d'hui*, c'est-à-dire *dorénavant* (de cette heure en avant).

4          Amans, je ne syvrai jamais,
           Si jadis je fuz de leur ranc,
           Je déclare que n'en suys *mais*.          (VILLON.)

           C'est son parler ne moins ne *mais*.          (*Id.*)

*Mais* a un sens plus détourné dans la locution *n'en pouvoir mais* (ne pouvoir empêcher), qui s'est conservée en français : « qu'en pouvait *mais* la pauvre innocente ! Voilà ce qu'en disaient aucuns. »          (BRANTÔME, *Vie de Marie Stuart.*)

           Qu'on ne le blâme désormais
           Pour c... qu'on ne le diffame;

mier lieu. — *Mais que d'un* [1], — plus d'un.

*Maison-Catin* (*la*), — (la maison de Catherine?), localité près de Saint-Germain-sur-Aubois (Cher).

*Mal* (*elle s'est fait*), — se dit d'une femme qui a fait une fausse-couche. — *Mal* (*elle est*) *sur elle*, — se dit des incommodités des femmes. — *Mal* (*il, elle tombe d'un*), — s'entend de l'épilepsie.

*Maladeux*, — maladif, valétudinaire.

*Malaiser* (*se*) [2], — se gêner : *c'gas-là n'se malaise pas!*

*Malandre.* — ( Voyez *Maladeux.*)

*Malandre*, — maladie.

*Mâlard*, — canard mâle.

*Male*, — mauvaise, méchante.

*Mâle* (*un*), — un homme : un beau *mâle.* (Voy. *Fumelle.*)

*Malement* [3], — mal, malicieusement, à mauvais dessein, méchamment; à tort; avec dommage.

*Mal-gouverne*, — localité près de Donzy (Nièvre).

*Malhûreux* [4], — malheureux. (Voy. *Hureux.*)

*Malice* (*mettre en*), — impatienter.

---

Eh! le pauvre homme n'en peut *mais :*
Il ne l'est que de par sa femme.

(Ces vers sont de Motin, poète de Bourges, qui serait entièrement oublié aujourd'hui si Boileau ne l'eût condamné à vivre dans son *Art poétique*, IV, v. 39 :

J'aime mieux Bergerac et sa burlesque audace,
Que les vers où Motin se morfond et nous glace.)

[1] La construction de ces mots est mauvaise, mais le sens en est bon. *Mais* vient du latin *magis;* il signifie *plus; mais d'un* ou *mais qu'un*, signifierait très-correctement ce que *mais que d'un* veut dire avec un solécisme.

[2] On disait autrefois *aiser* pour *contenter.*

La mère lors envers luy plus humaine,
Lui donnera pour plus son cœur *aiser,*
Quelqu'autre don pardessus le baiser.　(MAROT, *L'amour fugitif.*)

[3] En vérité souvent on chasse
Aux plus grands de la cité,
Et *malement* où y pourchasse
Dangier y est toujours *bouté.*　(MARTIN FRANC, 15ᵉ siècle.

De là vient que nous pauvres hommes,
*Malement* fourvoyez nous sommes.　　( DE BAÏF.)

Les armures de l'esprit sage
Ne donne au lourdaut , au volage
Qui *malement* s'en ayderait.　　( DE BAÏF.)

[4] Ayant en vain employé les prières , les menaces et la force, pour la persuader de condescendre à son *malhûreux* dessein, etc.

(LA THAUMASSIÈRE, *Histoire du Berry.*)

*Malicros*, — près Chevenon (Nièvre). (Voy. *Cros*.)

*Malin* (*avoir le*), — avoir le cauchemar, qu'on suppose causé par le diable.

*Maloche*, *Malotte*, *Maluche*, — gros maillet à fendre le bois; se dit aussi au figuré en parlant d'un sot : c'est une *maloche*.

*Malsoudée* [1], — la peine, le détriment : j'en porte la *malsoudée*, j'en suis victime.

*Mallaverne*, — village entre Cosne et Pouilly.

*Malvaiseté*, *Malvaisetée*, *Mauvaiseté*, — malice, méchanceté.

*Malvoisine*, — localité près d'Oizon ( Cher ); autre près de la Chapelotte (Cher).

*M'amie* [2], — grand-mère.

*Manchettes*, — liseron des haies (Bor., 884).

*Manée*, *Mainée*, — ce que la main peut contenir, poignée. (Voy. *Jointée*.)

*Manette, homme manette*, — qui se mêle du ménage.

*Manger son pain*, — dîner; se dit des ouvriers.

*Manicotier*, — faiseur de petites affaires, de petits commerces.

*Marcander*, — faire commerce, négocier.

*Marcandier*, — marchand.

*Marcou*, — enfant qui vient au monde avec un signe, une marque sur le corps; — septième garçon du même père et de la même mère.

*Mardelle*, — trou d'où l'on a extrait anciennement de la terre; — enfoncement boisé.

*Mareyre* [3], — pionnier auvergnat.

*Mare*, *Marouas*, — fourmi : avoir les *mares*, éprouver un fourmillement. (V. *Masouac, Mase*.)

*Mâre*, — grosse branche d'un arbre.

*Maréchaud*, *Maréchaude*, — maréchal, femme du maréchal.

*Maréchauderie*, — maison du maréchal.

*Mârer*, — presser en meurtrissant, fouler; se dit aussi du linge mouillé que l'on presse.

*Marfies* ( *les* ), — mains engourdies par le froid.

*Marillier*, — marguillier.

*Marillerie*, — fabrique d'église, office de marguillier.

---

1 *Soudée*, dans le vieux français, signifiait payement, solde.

Car li rois li faisait attendre
Ki li détenait ses *soudées*.          (MARIE DE FRANCE.)

2 *M'amie* pour *mon amie* est un nom d'amitié donné à la grand'-mère par les petits enfants. Autrefois les adjectifs possessifs élidaient leur voyelle devant une autre voyelle : Biaus sire Diex, je lèverai *m'ame* à toi (JOINVILLE, *Hist. de saint Louis*, p. 24, édit. de 1826), pour *ma ame*; Dieu... le gardoit touz jours dès s'enfance, pour *sa enfance* (ID., *ibid*.). On trouve encore dans Molière *m'amie*, *m'amour* (*Mal. imagin.*, 1 9). — Si nous écrivons aujourd'hui *ma mie*, c'est par une faute semblable à celles qui ont été signalées dans la note à *Hierre*, p. 61.

3 Ces ouvriers appellent *mare* leur *pioche-tranche*.

*Marivole* [1], — coccinelle, bête-à-bon-Dieu.

*Marjolain* [2], — nom assez usité pour les bœufs.

*Marlot*, — merle.

*Marloup*, — loup, loup-garou. (Voy. *Carroir* et *Loûtier*.)

*Maroner*, — grogner.

*Mârot*, — chat mâle, matou.

*Marote*, — canne rustique, dont l'extrémité inférieure est renfléc et noueuse.

*Marquetet*, — bille de terre.

*Marsault*, — saule marceau (Bor., 1204).

*Marsèche* [3], — orge.(V. *Tramois*.)

*Martigaut*, — ophrys frélon (Bor., 1347).

*Mascander*, — gâter, fracasser.

*Masc*, — dernier né d'une couvée. (Voy. *Boiquat, Fiouclou, Piou*, etc.)

*Mase, Masiau, Masouas*. — (Voy. *Mare*.)

*Masnage* [4], — maison, habitation : il est à son *masnage*, il a son habitation à part.

*Masouac*, — grosse fourmi.

*Masouailler*, — fourmilière.

*Massiot*, — loupe battue au marteau.

*Matagons*, — rosolis à feuilles rondes (Bor., 209).

*Mutée* [5], — bouillie avec le premier lait d'une vache qui vient de faire son veau.

*Matin (du)*, — le matin : il est sorti de chez lui *du matin*.

*Matinau (vent)*, — vent du matin, vent d'est.

*Matrinte*, — mon cher, ma chère.

*Mau, des mals*, — plaie ; ne s'emploie qu'au propre, et non au figuré ; — douleur : il s'est fait *mau*, il s'est fait mal. (Voy. *Chevau*.)

*Mau-courants (les)* [6], — ancien gibet près Saint-Denys de Jouhet (Indre).

*Maufier (se)*, — se méfier.

*Maugin*, — idiot.

*Maugré* [7], — malgré.

*Maugrèger* [8], — maugréer, mau-

---

1 Pour *Marie, vole!* Les enfants s'amusent à faire envoler les *bêtes à bon Dieu* en les mettant sur le bout de leur doigt.

2 Ce nom aurait-il quelque rapport avec la plante aromatique appelée *marjolaine?* (Bor., 931, *obs.*)

3 Ainsi nommée parce qu'elle se sème ordinairement en mars.

4 Du latin *manere*, comme les autres mots français *mesnil, manoir, mansion, maison*.

5 On disait plus anciennement *mathon*.

> Si franc Gautier et sa compagne Helaine
> Eussent cette douce vie hantée,
> Ne maugeassent bise crouste frottée,
> Tout leur *mathon* ni toute leur potée,
> Ne prise un ail.    (Villon, *Contredicts de franc Gautier*.)

6 Ainsi nommé sans doute parce que les patients n'étaient pas pressés d'y arriver.

> 7 Et nous laissons *maulgré* nous
> Les doulx champs de nos pays.   ( Cl. Marot.)

8 Dérivé de *maugréer*.

dire, donner des malédictions.

*Mautée.* — (Voy. *Moutée.*)

*Mauveux,* — ensorcelé, frappé par le mauvais œil. (Voy. *Bestial.*)

*Mauvis* [1], — grive.

*May.* — (Voy. *Met.*)

*Mazibler,* — écraser en mille morceaux.

*Mazille,* — mauvaise monnaie de cuivre : il m'a payé avec de la *mazille.*

*Mé (ma),* — ma mère. (Voy. *Pé.*)

*Mèche (il n'y a pas),* — il n'y a pas moyen. — *Mèche (moitié),* — ni bien ni mal.

*Médiciner,* — traiter, en disant des paroles magiques.

*Mêle, Melle, Mesle,* — nèfle.

*Mellier,* — néflier. (BOR., 417.)

*Melon d'attrape,* — momordique élastique (BOR., 329).

*Melote,* — peau de mouton garnie de sa laine.

*Membrance,* — souvenir : je n'en ai pas *membrance.* (Voy. *Remembrance.*)

*Mêmement que,* — d'autant plus que.

*Ménage,* — mobilier.

*Menangeon,* — manche d'un fléau.

*Mendiants,* — se dit des bestiaux malades.

*Mendion,* — repas du milieu du jour.

*Mendionner* [2], — manger au milieu du jour, se livrer au sommeil de l'après-dinée.

*Mener,* — en parlant d'une vache en chaleur : elle a *mené* le taureau.

*Meneux de loups,* — sorcier qui a la puissance de fasciner les loups, qui s'en fait suivre, et les convoque aux cérémonies magiques dans les carrefours des forêts. (Voy. *Carrage* et *Loûtier.* )

*Menseux* [3], — pensif, inquiet, triste.

*Mente,* — mensonge : dire *des mentes.*

*Menthe-coq,* — tanaisie commune (BOR., 715).

*Mention,* — qui vaille la peine d'être mentionné : il n'a pas mangé *mention,* il n'a rien mangé ; il n'y en a pas *mention,* cette chose manque absolument.

---

1 Comme mollards, merles, *mauvis,* mésanges.    ( MAROT. )

    Encore est-il céans sans doute
    Là où il entend et escoute
    Chanter les doulx rossignolets,
    *Mauvis* et autres oysellets.
    Car les rossignols et *mauvis*
    Sceurent si haultement chanter
    Qu'ils vienrent à les surmonter.    ( *Roman de la Rose.* )

2 **De meridiana hora.**

3 *Menseux* pour pensif se rapporte à *mens, mentis*; il serait plus régulier sous la forme *menteux*, mais alors il courrait risque de se confondre avec *menteur*, qui se rapporte du reste à la même origine.

*Menuiser*[1],—diminuer, amincir.

*Menuiseries,* — menues friandises.

*Mer, vent de mer,* — ouest, vent d'ouest.

*Mère-Michel,* — truie. (Voy. *Gazelle.* )

*Mesjeter,* — se détourner, quitter son chemin ou sa direction. (Voy. *Amaujeter.* )

*Mesplier.* — (Voy. *Mellier.* )

*Met (la)*[2], — huche au pain.

*Métout,*—méteil, mélange de froment et de seigle. (V. *Modure.*)

*Mettre,* — déborder : la rivière *met* dans cette prairie, la rivière déborde dans cette prairie. — *Mettre (se) en deux,* — accoucher.

*Meulants (les),* — les pratiques d'un meunier.

*Meur, Meurir*[3],— mûr, à maturité, mûrir ; — mourir.

*Meurtrie (herbe à la),*—valériane officinale (Bor. 656).

*Meyenne,* — prononciation lâche de *Merienne,* pour *Méridienne.* (Voy. *Mendionner.*)

*Miat,*— tarte faite avec des fruits.

*Miche* 4, — pain blanc.

*Mie (manger de la),* — plaider.

*Mignarder,* — s'amuser, jouer.

*Mignau,* — chiffonnier, marchand de guenilles. (Voyez *Peillerau.*)

*Mignauderie,* —rebut de mobilier. (Voy. *Napille, Peille.*)

*Mignon, Mignonne,* — grand-père, grand' mère.

*Migoutte,* — chèvre.

*Mijaine,*—petite courroie qui lie la verge du fléau au manche.

*Mijauder,* — mignarder.

*Mijot,* —pain émietté dans du vin.

*Miliasse,* — panic vert (Bor., 1460).

*Mimoire* 5, — mémoire.

*Min, Menne,* — mien, mienne. (Voy. *Sin, Tin.* )

---

[1] Nous le *menuisons* et altérons en mille formes.   (MONTAIGNE, *Ess.* III, 6.)

Plus ils le pressent (l'argent vif) et pétrissent, et s'étudient à le contraindre à leur loy, plus ils irritent la liberté de ce généreux métal; il fuit à leur art et se va *menuisant* et éparpillant au-delà de tout compte.

                              ( MONTAIGNE, *Ess.,* III, 13. )

[2] Et croissait comme pâte dans le *met.*     ( RABELAIS, *Gargantua.* )

[3] De mes pensers fait avorter le fruit ,
Et sans *meurir* tranche mon espérance.   ( RONSARD.)

[4] Si a-t-il mangé de leur *miche,*
Et frippé sur eux maint éscu.     ( TABOUROT.)

Car tel n'a vaillant une *miche*
Qui est plus aise et trop plus riche
Que d'avoir cent muitz de froment.   ( *Roman de la Rose.*)

[5] La dame en qui pitié est tote,
Quand vit qu'il ne veoit gote ,
Qu'il n'avait ne sens ne *mimoire.*   ( RUTEBEUF.)

*Minable*, — misérable, malheu-
　reux, qui fait pitié.

*Mincer*, — couper, réduire en
　petits morceaux. ( Voy. *Me-
　nuiser.*)

*Mirlet*, — miroir.

*Mitan* [1],—milieu : il l'a parbleu
　mis tout au *biau mitan.*

*Miter*, — fureter.

*Miteux*, — chassieux.

*Moder*, — lâcher des bestiaux,
　les mener paître. (V. *Amoder.*)

*Modure*, — mouture, mélange
　de froment, de seigle et de
　marsèche. (Voy. *Métout.* )

*Modurenge*, — blé de mouture.

*Modurier*, — boisseau pour me-
　surer les grains.

*Moine*, — gouet taché. (Bor.,
　1583. )

*Moins (à tout le)* [2], — au moins.

*Moinsines.* — (Voy. *Anottes.* )
　(Bon. 531.)

*Moissine.* — ( Voy. *Moussine.*)

*Mojette ( d'un œuf )*, — jaune de
　l'œuf.

*Mollange*, — boue liquide qui
　ne peut se tenir en tas, et
　qu'on pousse avec le balai
　dans les égouts.

*Molle*, — mûre, fruit du mûrier.

*Monde*, — gens honnêtes, rai-
　sonnables : on dit des gens

qui ont les défauts contraires :
　*c'est pas là du monde !*

*Mongin*, — imbécille, hébété : il
　est tout *mongin.* (V. *Imbériat.*)

*Monsieur (un)*, — un cochon.
　(Voy. *Noble.* )

*Montance*,—valeur d'une chose,
　estimation, prix auquel elle
　monte. (Voy. *Vaillissance.* )

*Mont-à-see*, — localité près de
　Champlemy (Nièvre).

*Montifaut* [3], — nom de localité
　assez commun : environs de
　Bourges, Murlin (Nièvre), etc.

*Montoir*, — pierres mises sur le
　bord des chemins, pour ai-
　der aux cavaliers à monter
　sur leurs chevaux, escalier.

*Montre ( clés de )*, — lunaire bi-
　sannuelle (Bor., 198).

*Mordon*, — stellaire moyenne,
　mouron des oiseaux ( Bor.,
　272).

*Moret*, — chien en général, et
　chien mâtin.

*Morfiller*, — manger avec avi-
　dité.

*Mort (herbe du)* [4], — différentes
　espèces de menthe. (Bor.,
　916 et suiv. )

*Mortier.* — (Voy. *Tenou.*)

*Mortuel, Mortuaire*, — acte de
　décès.

---

1 Le boufon qui vint cela dit : et moi je voudrais estre au beau *mitan.*

　　　　　　　　　　　( Brantôme. )

　2　Tous tes péchés confesseras
　　*A tout le moins* une fois l'an.　　( *Commandements de l'Eglise.*)

　　*A tout le moins* qu'il nous souvienne
　　Des propos tenuz en ce lieu.　　( Clément Marot.)

3 Monter il faut.

4 Cette dénomination vient de l'usage où sont les habitants de la campagne de
brûler des plantes odoriférantes, et entr'autres de la menthe, dans les chambres mor-
tuaires.

*Mort* (*papier*), — papier non timbré.

*Morvandiau*, *Morvandelle*, — homme, femme du Morvan.

*Mou* (au féminin *moule*), — mouillé, mouillée; on dit par une comparaison hyperbolique : *mou* comme un *cros* (Voy. ce mot).

*Mouche*, — abeille, — panier d'abeilles, ruche.

*Mouillard* (*terrain*), — terrain humide, morveux.

*Mouillière*, — endroit humide.

*Moulée*, *bois de moule*, — bois de brin, scié à la longueur du demi-décastère, pour l'approvisionnement de Paris.

*Moulin*, — bluteau de farine.

*Mouron salé*, — véronique à feuilles de lierre (Bon., 1057).

*Moussine*, *Mousseline*, — faisceau de branches de vigne, garni de raisins.

*Moûtée*, — humidité, temps des pluies. (Voy. *Mou*, *Maulée*.)

*Moutte*, — motte.

*Moyan* [1], — moyen.

*Muguet bleu*, — agraphide penchée (Bon., 1293).

*Mulon*, — petite meule; tas.

*Murgée*, — tas de pierres dans les vignes. (Voy. *Perroy*.)

*Murio*, — meule.

*Musiquer*, — faire de la musique.

*Musse*, — trou, passage, cachette.

*Musser* [2], — passer à travers, par un trou, comme un rat, se glisser.

---

[1] Devers Pierre m'en fault aller
Puisque j'ay entrée céans,
Et faire par subtils *moyans*
Que je puisse parler à luy.

(*Myst. des Actes des Apôtres*, liv. 4.)

[2] Du latin *mus*.

. . . Et dessous mon aumusse,
L'ambition, l'amour, l'avarice se *musse*.      (RÉGNIER.)

# N

*Nâcre! Nâcrer,* — interjection, juron de colère, jurer.

*Naître (faire) une chose,* — la prendre pour prétexte, s'en servir comme d'une diversion, donner à croire que.

*Nantaise,* — capote de femme. (Voy. *Capiche.*)

*Napille, Napillons,* — guenilles, chiffons (Voy. *Mignauderie, Peille*); — mauvais ménage.

*Nappin,* — petite nappe, essuie-mains.

*Narade,* — glissade.

*Narer,* — glisser sur la glace.

*Nasillard,* — fâcheux.

*Nasiller,* — jaser avec malveillance.

*Naviaux* [1], — navets.

*Nayer* [2], — noyer, submerger.

*N'en plus,* — non plus, pas davantage.

*Nenny* [3] (se prononce *nan-ny*), — nenny, non.

*Nentille* [4], — lentille.

*Netteger,* — nettoyer.

*Neuillon,* — amande de noisette.

*Nez de chien (en),* — froid comme le nez des chiens en bonne santé.

*Ninons.* — (V. *Chien (porreau de).*

*Ni oui, ni non, ni nanny (il ne dit),* — il ne veut ou ne sait rien dire.

*Nisse.* — (Voy. *Nuisse.*)

*Nivernichon* [5], — habitant du Nivernais.

---

[1] Renard feist à Constantinoble bien ses aviaux (ses affaires),
     Et en caves et en caviaux
     N'i laissa vaillant deux *naviaux.*
             (RUTEBEUF, *Renard le bestourné.*)

[2] Je *naye,* je *naye,* bonnes gens, je meurs.     (RABELAIS, *Pantagruel.*)

Vertugoy! je me *naye,* je me perds, je m'esgare; quand j'entre au profond abysme de ce monde.         (RABELAIS, *Pantagruel.*)

[3] Un doulx *nenny,* avec un doulx sourire.    (CL. MAROT.)

     Dites vos oil ou *neni?*     (RUTEB., *le diz de lerberie.*)

[4] Elle a passé par une grille
     Dans un étang plein de *nentilles.*    (*Chanson de la Canne.*)

*Nota.* Sans doute la lentille d'eau, ou lenticule. (Bor. n° 1579 et suiv.)

Il faut dire aussi de la *poirée* et des *nentilles* avec les Parisiens, et non pas des *bettes* ni des *lentilles* avec les Angevins.       (MESNAGE.)

[5] Dans le style noble du pays on dit mal à propos *Niverniste.* Les terminaisons en *iste* indiquent toujours ceux qui se livrent à une occupation spéciale, qui embrassent un parti ou une secte philosophique (Voy. *Bourbonnichon*). Le véritable nom est *Nivernais* (homme nivernais); c'est de là que la province a tiré son nom.

*Noble*, — cochon. (Voy. *Monsieur*.)

*Nocer* [1],—faire la noce.

*Noceur*, — qui fréquente les noces, qui recherche les festins.

*Nogier, Nougier, Nouatte*, — noyer (arbre). (Voy. *Calonnier*.)

*Noisilles* [2], — noisettes. (Voy. *Nousilles*.)

*Nolet*, — tuile formant chenal pour l'écoulement des eaux entre deux toits inclinés.

*Nonchaleux*, — nonchalant.

*Nones*. — (Voy. *Chien* (*porreau de*).

*Noqueter*, — claquer des dents par l'effet du froid.

*Nostant*, — nonobstant, malgré : *nostant ça*, malgré cela.

*Nouailleux* [3], — noueux. (Voy. *Nouteux*.)

*Noud* [4], — nœud, auge en pierre pour recevoir l'eau.

*Noue*, — rigole naturelle dans les champs, les bois.

*Nourrer*, — nourrir : *il se nourre bien*, il se nourrit bien, il engraisse.

*Nourreture*, — nourriture ; — bétail qu'on nourrit et qu'on élève.

*Nourrin*, — petit cochon.

*Nousillade*, — petite châtaigne sans pellicule.

*Nousilles*, — divers petits fruits, noisette. (Voy. *Noisilles*.)

*Nouteux*. — (Voy. *Nouailleux* )

---

1 La veille des noces la mariée et les filles d'honneur se cachent sous le manteau de la cheminée, devant laquelle on place un drap, le futur passe le bras sous le drap, et en touchant la main aux femmes qui sont cachées, il doit reconnaître sa fiancée.

> 2 Mais Fenot, le povre garçon
> Luy donna de bonne façon
> Des fruits, des fleurs et des *noisilles*. (V. DE LA FRESNAYE )

Pour plus de beauté, plusieurs *noisilles* attenantes par les queues seront laissées ensemble, lesquelles unies se maintiendront avec leurs naturelles couleurs jusqu'à la fin. ( OLIVIER DE SERRES, *Théâtre d'Agriculture*.)

3 Un *meslier nouailleux* ombrage le portail. (RONSARD.

4 Qu'eussé-je faict? l'archer estait si doux,
Si doux son feu, si doux l'or de ses *nouds*,
Qu'en leurs filets encore je m'oublie.
( RONSARD, sonnet I, 3. )

L'or crespelu que d'autant plus j'honore,
Que mes douleurs s'augmentent de son beau,
Laschant un jour le *noud* de son bandeau
S'esparpillait sur le sein que j'adore.
(*Id.*, sonnet 204.)

*Nuisable*,—dangereux, nuisible.

*Nuisance* [1],— dommage, préjudice. — C'est aussi un nom de lieu assez commun : on trouve *Nuisance*, près *Luant;* — id. près la *Champenoise;* — id. près *Levroux ;* — id. près *Écueillé*, tous dans le département de l'Indre.

*Nuisse (porter)*, — nuire, porter préjudice.

*Nuit (en* et *à)* [2], — de nuit : je suis rentré chez moi *en nuit*, ou *à nuit*.

---

[1] Fuy tous ces dons de *nuisance* et reproche,
Ils vont brûlant tout ce qui d'eulx approche.
(MAROT, *L'amour fugitif.*)

[2] Et si venras encore *à nuict*.
(RUTEBEUF, *Miracle de Théophile.*)

# O

*Obis.* — (Voy. *Cheveux de la Vierge.*)

*Océans* (*les*), — localité près de Saint-Symphorien (Cher).

*Ochon,* — oison, petite oie.

*OEillet de mai.* — (Voy. *Jeannettes blanches.*)

*Oh! là oui! oh! là non!* — oh oui! oh non! Se dit d'une manière plaintive.

*Oiseau* (*bec d'*), — dauphinelle sauvage (Bor., 43).

*Oisis,* — osier. (Voy. *Osière, Ousier.*)

*Olourses,* — reproches.

*Ongueviances,* — onguent, médicaments.

*Ormoise,* — armoire.

*Ordon, Ourdon,* — rangée de javelles, andain de fauchaison, portion de tâche.

*Orières,* — ornements en or de la mariée.

*Osière,* — branche d'osier. (Voy. *Oisis.*)

*Ouaille* [1], *Oueille,* — brebis.

*Ouais-Dieu* [2], — élévation à la messe.

*Oubliance* [3], — oubli, manque de mémoire.

*Oûche,* — enclos planté d'arbres fruitiers près des maisons rurales; jardin, verger; terre labourable attenant à la maison, et entourée de haies.

*Oui bien, oui bin,* — oui dit avec complaisance.

*Ousier.* — (Voy. *Oisis.*)

*Ouserie,* — oseraie, lieu où croît l'osier.

*Ouste* [4], — logis, habitation.

*Ouster* [5], — ôter.

*Ouzille,* — oseille.

---

1 Ne s'emploie plus en français qu'au figuré et sous le rapport spirituel : le pasteur et ses *ouailles.*

2 De l'interjection *ouais!*

3 Et se il avenoit que par erreur ou *oubliance,* etc.

(*Ordonnance de la Chambre des Comptes, de* 1319.)

Et pour mieux concevoir une entière *oubliance*

De ces affections que je veux esloigner.   (Scévole de Sainte-Marthe.)

Le jeune Phaëton prit le gouvernement

Des chevaux de son père, et par une *oubliance,*

N'ayant pas assez bien gardé la remonstrance,

Des monstres de là haut tellement s'effraya,

Que lourdement en bas sa cheute l'envoya.   (*Idem.*)

4 Dérivé de *hôte.*

5 Grand marcy, dist Hans Carvel, monsieur le diable, je renie mon nom, si jamais on me l'*ouste* du doigt.   (Rabelais, *Pantagruel.*)

Car on ne combat plus pour l'honneur d'une jouste,

D'un prix ou d'un tournoy, mais afin que l'on s'*ouste*

L'un à l'autre la vie.   (Ronsard.)

# P

*Pagnot*, *Pagnotte*, — mou, pusillanime, sans énergie.

*Paillasse*, — panier en paille dans lequel on fait lever la pâte. (Voy. *Paillonne*.)

*Paillassée*, — ce que contient une *paillasse*.

*Pailleux*, — pauvre, couchant sur la paille.

*Paillon*, — paillasson, natte.

*Paillonne*. — (Voy. *Paillasse*.)

*Paillonnée*. — (Voy. *Paillassée*.)

*Palais*[1], — niais.

*Palbèche*, *Palbesse*, — pelle-bèche.

*Palbécher*, *Palbesser*, — remuer la terre avec la *palbesse*.

*Palisson*, *Palissonner*, — morceau de bois fendu intercalé entre deux pièces d'équarrissage dans les constructions en pans de bois : poser des *palissons*.

*Palle*, — vanne à queue, qui retient l'eau d'un étang à la bonde. (Voy. *Empallement*.)

*Panner*[2], — essuyer : *panner* les meubles, les essuyer, en ôter la poussière.

*Panoufle*, — fourrure qui retombe sur le devant du sabot. (Voy. *Panuche*.)

*Panson*, — camisole en indienne que portent les femmes du peuple.

*Pantonnier*[3], — pontonnier.

*Panuche*. — (Voy. *Panoufle*.)

*Pape (monnaie du)*. — (Voyez *Montre (clés de)*.

*Papie*, — grand-père. (Voyez *M'amie*.)

*Papillon*, *Papillotte*, — bœuf, vache, marqués de taches blanches arrondies.

*Papillottes*, — éblouissements des yeux. (Voy. *Parpillonner*.)

*Papoter*, — parler entre ses dents, marmotter.

*Pâquette*.— (Voy. *Coqueluchons*.)

*Paquoin*, — mijaurée, synonyme du mot parisien *chipie*.

*Paraître (faire)*, — représenter pour convaincre : je lui ai fait *paraître* que, etc., je lui ai représenté, fait croire que, etc. (Voy. *Naître*.)

*Par-après*[4], — ensuite.

*Par-avis !*—vraiment? cela pour-

---

[1] Ce mot est usité à Saint-Amand : c'était le nom d'un idiot mort dans cette ville il y a environ 60 ans.

[2] Du latin *pannus*, étoffe.

[3] Tout de la mesme façon nous appelons *fier pantonnier* un homme revelche et mal à propos glorieux, au lieu de *fier pontonnier*, d'autant que ceux qui sont commis à recevoir les péages des ponts font presque ordinairement d'une façon fière et farouche, ès choses qui concernent leurs droits.      ( PASQUIER. )

[4] Les vers que leurs joinglours, leurs contours et chanterres
Rechantaient *par après*.      ( VAUQ. DE LA FRESNAYE. )

rait-il bien être? (Voy. *Qu'avis.*)

**Parer les bêtes**, — mener les bêtes aux champs. (Voy. *Amoder.*)

**Parier** [1], — associer, joindre, unir.

**Pariure**, — pari.

**Parlement**, — conversation.

**Parlure**, — manière de parler.

**Parmi**, — s'emploie quelquefois en sous-entendant son complément : ses *ouailles* sont médiocres ; il y en a pourtant de bonnes *parmi*; — dans : *parmi* un pré. (Voy. note à *Devaler.*)

**Parpaillère**, — partie de la chemise qui couvre la poitrine et qui sert souvent de poche.

**Parpillonner**, — avoir les yeux éblouis par le soleil. (Voyez *Papillottes.*)

**Parsais**, — pêches de vigne.

**Part** ( *en quelque, en queuque* ), — probablement.

**Partie**, — canton, quartier.

**Partir**, — confiner, être limitrophe ; — partager [2]; — se retirer, se détacher.

**Pas-guère**, — fort peu.

**Passant**, — passé, et plus, excédant de mesure et de nombre : il m'a livré 8 stères de bois *passant.*

**Passe** (*il, elle*) ben ou *mal dans le monde*; — se dit de celui qui jouit d'une bonne réputation, ou qui en a une mauvaise.

**Passe**, — moineau. (V. *Epasse.* )

**Passée**, — petit chemin, sentier ; passage fréquenté par les animaux sauvages ( terme de chasse).

**Passière**, — route, chemin.

**Patagon**, — gros sou (décime).

**Pater**, — se dit de la boue qui s'attache aux souliers : *ça pate bin* aujourd'hui; et de la personne elle-même qui marche dans la boue : *elle a paté.*

**Pâtiner**, — empâter : cet aliment *pâtine*, on a les dents *empâtinées.*

**Patouillat, Patouille, Patouiller**, — bourbe, gâchis, boue claire ; pâtauger ; agiter de l'eau, de la boue : chemin qui *patouille.*

**Patron Jacquet** (*se lever à*) [3], — se lever de grand matin.

**Pau**, — pieu.

**Paumer**, — atteindre d'une balle de paume ; et par extension, atteint d'un coup quelconque.

**Paultré**, — foulé aux pieds.

**Paumette**, — pommelé ; nom usité pour les bêtes à corne. (Voy. *Poumette.* )

**Paure**, — malheureux, indigent : *Paure homme*, homme du peuple, homme du commun. (Voy. *Poure.*)

**Paureté, Pauverté**, — pauvreté, indigence, besoin ; — crasse, ordure. (Voy. *Poureté.* )

---

[1] Le français dit *apparier.*

[2] Nous disons dans ce sens *répartir* entre plusieurs, leur *départir* quelque chose. *Repartir*, partir pour la seconde fois ; tous ces mots viennent de *partiri*, fait de *pars.*

[3] Ce mot vient peut-être soit de saint Jacques, patron des voyageurs, soit de quelque vieux procureur qui faisait lever ses clercs de trop bonne heure. On dit dans d'autres pays se lever au *patron-minette*, ( ou *potron-minette.* )

*P'chié,* — becquetée.

*P'chon,* — parcelle.

*Pêcherie,* — mare où il y a du poisson.

*Pêcher (se),* — se retirer de l'eau. Les mariniers disent aussi *se pêcher* [1], pour trouver fond avec leur *bourde.*

*Peccata,* — baudet.

*Peille* [2], — papier de rebut, chiffon. (Voy. *Langue, Mignauderie, Napille.*)

*Peillerau,* — ramasseur de chiffons, marchand de peaux de lapins. (Voy. *Mignau.*)

*Pelice, Peliçon,* — écorce.

*Pelu, Pellu,* — couvert de poils.

*Pendeler,* — pendre, accrocher. (Voy. *Dépendeler.*)

*Pentecouste* [3], — Pentecôte.

*Perde* [4], — perte.

*Périment,* — précipice, lieu périlleux.

*Perléché, ée,* — freluquet, faquin.

*Perlécher (se),* — promener sa langue sur ses lèvres, lécher avec gourmandise : il s'en *perlèche* les babines.

*Perrayer,* — empierrer, paver en talus.

*Perré,* — talus pavé.

*Perroy, Perrier,* — tas de pierres dans les vignes. (V. *Murgée.*)

*Persaille,* — éthuse persil de chien (Bon., 585).

*Perseigner, Persigner,* — guérir en faisant des signes, des croix, et en disant des paroles.

*Persil bâtard.* — (Voy. *Cumin des prés.*)

*Person,* — cloison; enceinte à part dans une étable.

*Perteau,* — pertuis, trou, ouverture.

*Pertis-pertas,* — mauvaises raisons, calembredaines.

*Pèse-les-œufs,* — homme chiche.

*Pesseler,* — mettre des échalas à la vigne pour la soutenir. (Voy. *Pessiaux.*)

*Pessiaux* [5], — échalas. (Voyez *Charisson, Charnier.*)

*Pétanielle,* — froment renflé (Bon., 1558).

*Pétards.* — (Voy. *Bálote.*)

*Petasser, Petassier,* — se dit de celui qui s'occupe de détails in-

---

1 Ces deux mots *se pêcher,* quoique homonymes parfaits, ne paraissent pas tenir à la même racine : le premier est une métaphore évidente du poisson à l'homme, qui se tire de l'eau comme il en tirerait une carpe ou un brochet; il vient de *piscari;* le second est probablement pour *s'empêcher,* c'est-à-dire *s'embarrasser, se heurter contre, rencontrer un obstacle;* il vient d'*impedicare,* fréquentatif d'*impedire.*

2 Dérivé du latin *pellis.*

    3 De Pâques à la *Pentecouste.*

      Le dessert est une crouste (*locution proverbiale*).

    Car tel me cuida avoir gaigné à Pasques

    Qui ne m'aura pas à la *Pentecouste.*      (J. MAROT.)

4 Le mot *vende* offre un exemple pareil de la substitution de la consonne faible *d* à la forte correspondante *t.*

5 N'emporteront en leurs maisons ou feront emporter aucun bois d'icelle, soient desdictes perches, *pessiaux, charniers,* etc.    (*Coutume du Berry.*)

signifiants, qui touche à tout.

*Peteriaux*, — branches parasites qui poussent du pied de l'arbre.

*Peteux* [1], — malhonnête.

*Petit* [2], — peu ; — *Petit* (*un*) [3], — un peu ; — *Petit* (*ça que j'avons*),— expression humble de celui qui parle de son avoir, de ses biens, de sa fortune.

*Pétonner*, *Pétouner*, — aller furetant ; s'occuper de petites choses où l'on n'a que faire.

*Pétou*, — marchand de blé.

*Petouillon*, — faiseur d'embarras pour des riens.

*Pettouée* (*lever la*), — se dit d'une veuve requinquée.

*Peu* (*le*), — localité près de Sainte-Sévère (Indre).

*Peupetit*, — localité près de Culan (Cher).

*Peuple*, — peuplier.

*Peut*, *Peute*, — laid, laide.

*Piaute*, — gouvernail.

*Picaillons*, — écus, espèces.

*Pichet*, — petit broc de terre, pot à eau.

*Picons*. — (Voy. *Coupeau*.)

*Pidance* [4], — viande, ration.

*Pie* (*langue de*), — carex glauque (Bon., 1422).

*Pie-pou*. — (Voy. *Chasse*.)

*Pièce*, — acte notarié : passer une *pièce*, faire un acte pardevant notaire ; — lever *pièce*.

*Pied* (*de mon, de son*), — à pied : je suis allé à tel endroit de *mon pied* ; il n'a pas voulu de cheval, il a préféré marcher de *son pied*.

*Pied-gris* [5], — paysan.

*Pied-jaune*, — nom donné aux vignerons de Bourges. (Voyez *Cul-jaune*, *Vapi*.)

*Pierredeux*, — pêcheur de nuit.

*Pieuche*, *Pieucher*, — pioche, piocher.

---

1 Et l'autre en fut chassé comme un *peteux* d'église.     (RÉGNIER, *Sat.* 14.)

2 Ils veulent être bien payés
Et *petit* de besoigne faire.     (RUTEBEUF.)

3 Approchons-nous *ung petit*.     (BONAVENTURE DES PERRIERS.)

Si tu t'apercevais qu'elle fût un *petit*
Subjette en ses amours de changer d'apetit.     (SCÉVOLE DE SAINTE-MARTHE.)

Ne lui donnez plus rien qu'un *petit* de panade.     (LA FONTAINE, *Fragments du songe de Vaux*.)

La vie est comparable au vin ; quand il n'en reste qu'un *petit*, il s'aigrit.....     (V. DE LA FRESNAYE.)

Quiconque estime tout ce faux honneur mondain,
Me le fait *un petit* toucher avec la main.     (AMADIS JAMYN.)

4 Probablement pour *pitance*.

5 Et cet or gâte-tout, fait que tous les méchants
Gourmandent les bourgeois et les *pieds-gris* des champs.     (V. DE LA FRESNAYE.)

*Pieume,* — plume.

*Pif,* — gros nez.

*Pige, Piger,* — mesure, mesurer.

*Pignarèche,* — pie-grièche.

*Pigne* 1, *Pigner (se),* — peigne, se peigner.

*Pignions, Pignerons* 2, — épine.

*Pignocher,* — manger sans appétit, du bout des dents.

*Piguerède,* — pie-grièche : on distingue la *piguerède bure* (couleur de bure), et la *piguerède garelle.* (Voy. *Garelle.*)

*Pijautière,* — s'applique aux étoiles brillantes servant à indiquer l'heure de la nuit.

*Pile,* — volée de coups.

*Piler,* — donner une *pile,* battre, rosser.

*Pimer,* — respirer difficilement.

*Pince-sans-rire,* — sobriquet.

*Pioche-tranche,* — pioche de pionnier. (Voy. *Piquande.*)

*Piolé,* — marqué de taches de rousseur.

*Piou,* — le plus petit poulet d'une couvée. (Voy. *Boiquat.*)

*Piouler,* — piauler, pleurer.

*Pioux,* — feuilles d'iris, faux acore (Bor., 1317).

*Piper,* — souffler : je n'ai pas *pipé,* je n'ai pas soufflé le mot, je n'ai rien dit.

*Piquande.* — (V. *Pioche-tranche.*)

*Piquander,* — piocher.

*Piquant,* — terrassier. (Voyez *Mareyre.*)

*Pique du jour,* — pointe du jour.

*Piques.* — (Voy. *Jeannettes blanches.*)

*Pique à l'âne,* — panicault des champs (Bor., 551).

*Pique-à-tâtons,* — sobriquet.

*Pissée,* — jet de fonte des fourneaux de mazerie (terme de forge).

*Pistole,* — dix francs. Ce mot s'est maintenu comme monnaie de compte : j'ai acheté

---

1 Et ne duest-il avoir vaillant qu'un *pigne.*      (VILLON.)

Après luy *pigné,* vestu et ordonné suivant les jours, on lui apportait son breviaire.

(CHRESTIEN DE PISAN.)

      Et bien semblait à son atour

      Qu'à besoigner pense mettait,

      Car quand bien *pignée* elle estait ,

      Bien parée et bien attournée ,

      Elle avait faicte sa journée.      (*Roman de la Rose.*)

Depuis les pieds jusqu'à la tête qu'elle *pigne* avec ses griffes.

(*Facétieuses nuits de* STRAPAROLE.)

     Hermîtes qui, grisons en cheveux mal *pignés.*     (AMADIS JAMYN.)

Ce faict, était habillé, *pigné,* testonné.      (RABELAIS, *Gargantua.*)

Après se *pignoyt* du *pigne* d'Almaing (d'Allemand), c'estoyt des quatre doigts et le pouce.      (RABELAIS, *Garg.,* I, 21.)

    2 Qui de *pignerons* aigus ,

      Se hérissaient par-dessus.      (RONSARD.)

ce cheval 5oo fr. et une *pistole* d'épingles.

*Pitarnier,* — broc.

*Piter, Pitrer,* — piétiner.

*Pivon,* — choin blanc ( Bon., 1368).

*Plaisance,*—volupté,plaisir,joie.

*Plaisant, te* [1], — de plaisance : *château plaisant, maison plaisante,* château ou maison de plaisance.

*Plancher* [2], — plafond.

*Plaquis,* — marque sur un arbre de futaye, faite en enlevant une plaque d'écorce pour indiquer qu'il doit être abattu, ou sur toute autre pièce de pied de bois pour indiquer la limite des ventes. (Voyez *Landée, Sente*).

*Plateau,* — nuphar jaune (Bon., 104).

*Platraus, Platrou,* — rampant, servile, qui se plaint pour avoir quelque chose.

*Plesse,* — branche coupée à moitié dans une haie et que l'on couche.

*Plesser,* — plier, entrelacer : réparer une boucheture.(Voy. *Plesse.* )

*Plessis* [3], —haie entrelacée, clos, parc fermé de haies; nom de lieu.

*Pleurer,* — se dit d'une terre qui laisse échapper un peu d'eau.

*Pleuvre,* — pleuvoir : le temps a été mauvais, il n'a pas cessé de *pleuvre.*

*Plin,* — filasse, chanvre peigné, tout prêt à être filé.

*Pliot* (*vent*), — vent d'ouest. ( Voy. *Mer.*)

*Plisse, Plisser,* — pellicule, écorce, — écorcer.

*Plon,* — petit lien d'osier.

*Plot,* — chanvre taillé, destiné à être cardé (Voy. *Plin*); — billot de bois.

*Plume-canne,* — localité près de Saint - Michel - en - Brenne (Indre); pays d'étangs abondant en canards.

*Plumer,* — écorcer : *plumer* une poire, la peler.

*Pluntis,* — lit de plume.

---

1 Dites-moi, ma brunette.

Quel plaisir avez-vous

Seule sous la coudrette

A la merci des loups?

Laissez dessous l'ombrage

Les brebis du village :

Allons, quittez les champs ;

Là bas, vers ces aubrelles

Vous serez damoiselle

Dans mon château *plaisant.*

(Pastorale recueillie aux environs de Saint-Pierre-de-Moutier (Nièvre).

2 Le beurre de mai, c'est-à-dire battu le 1er mai, et lancé au *plancher* de la cuisine, s'attache aux solives où on le laisse rancir. On en gratte la surface pour panser les bêtes à cornes qui sont blessées aux pieds.

3 Le Plessis-lez-Tours, château de Louis XI.

*Poëlée*, — repas fait après la moisson, régalade d'ouvriers.

*Poiger*, — s'enfoncer dans la boue. (Voy. *Gaujer*.)

*Poignard*, — petit brochet de deux à trois décimètres.

*Poilou*, — poilu.

*Poincher*, — faire entrer de l'eau dans son soulier quand on marche dans la boue. (V. *Gaujer*.)

*Point (à) et à profit*. — Avoir tout *à point et à profit*, ne manquer rien, réussir en tout [1].

*Pointu (vent)*, — air, vent qui pique.

*Poiriers*, — aristoloche clématite (Bon., 1159).

*Pois*, — haricots; *pois rouges*, *pois blancs*. — *Pois carré, Pois gras*, — gesse cultivée (Bon., 528).

*Poison (de la)* [2], — du poison.

*Pommeraie*, — hellébore fétide (Bon., 38).

*Pompe*, — gâteau.

*Ponceau*. — (V. *Loup (rose de)*.

*Pondeuse*, — morelle tubéreuse, pomme de terre (Bon., 1004).

*Ponner* [3], — pondre.

*Pontforche*, — appui, soutien.

*Populer*, — croître, multiplier.

*Portatif*, — bien portant.

*Porte-feuille*, — nom d'un ruisseau près du Châtelet.

*Portement* [4], — santé, comment on se porte : demander à quelqu'un son *portement*.

*Potages*, — légumes.

*Potée*, — nichée : réveillé comme une *potée* de souris.

*Potigner*, — tripoter.

*Potiouér* [5], — pot à tirer le lait du pis des vaches (Voy. *Tirouér*).

*Poture*. — (Voy. *Pouture*.)

*Pouaque* [6], — sale.

*Pouillou*, — ménage; se dit particulièrement de l'intérieur du ménage des pauvres gens.

---

[1] Le mot *à point* et le mot *à profit* pris séparément, sont employés en français dans la signification qu'ils ont ici : mais ce qui constitue l'originalité de notre locution, c'est la réunion habituelle des deux mots dans une même phrase, et l'application qu'on leur fait chez nous du verbe *avoir*, tandis qu'en français *à point* ne s'y applique guère, et que *à profit* ne se joint qu'au verbe *mettre*.

[2]     Prends tes serpens et de Clyméne gaste
    Par *ta poison* les veines et le cœur.     (RONSARD.)

  Je sentais *la poison* dans mes os devallée.     (PH. DESPORTES.)

  D'où s'est coulée en moi *cette lâche poison*.     (MALHERBE.)

[3] Estiment que c'est tout autant manger des œufs que des animaux qui les *ponnent*.     (AMYOT.)

[4] Libéral ayant senty le vent de la venue de son compère, ne faillit à l'aller trouver et luy donnant mille accolades, remerciait Dieu de son heureux retour et bon *portement*.     (*Facétieuses nuits de* STRAPAROLE.)

[5] Contraction de *pot tirouér*.

[6] De l'interjection *Pouah!*

Une mère dit à sa fille : quand tu seras à ton *pouillou*.

*Poulain* (*pied de*), — tussilage, pas d'âne (Bon., 677).

*Poulot* [1], — jeune enfant, damoiseau.

*Poumette*. — (Voy. *Paumette*.)

*Pour* (*en*), — en échange. — *Pour avoir*, — cri des marchands ambulants de légumes et de fruits : *pour avoir* des choux ! *pour avoir* des poireaux, des carottes !

*Poure*, — pauvre : *poure homme*, pauvre homme ; — *poure femme !* pauvre femme.

*Poureté*. — (Voy. *Paureté*.)

*Pouriaux*, — poireaux.

*Pouriette*, — petit plant de pépinière.

*Pourrie* (*herbe à la*). — (Voyez *Bonbon noir*.)

*Poursuir* [2], — poursuivre.

*Poussier* [3], — poussière.

*Pouture*, — farine de menus grains pour engraisser les bestiaux ; — engrais végétal, terreau.

*Prasse*. — (Voy. *Passe*.)

*Prée* [4], — prairie d'une certaine étendue, tenement de prés.

*Prenre*, — prendre, saisir, s'emparer.

*Preugnures*, — provins de la vigne.

*Pris* (*le temps est comme a*), — le temps est comme hier ; comme il a commencé, il continue.

*Prix*. — *Au prix de* [5], en comparaison de. — *Au prix que*, à mesure que.

*Proche* (*au*), — auprès : c'est là tout *au proche*.

*Promuage*, — fruit ; terrain de primeur.

*Prou* [6], — assez, beaucoup. —

---

1 Les Romains donnaient aussi ce nom d'amitié.

                    *Strabonem*

    *Appellat pœtum pater et pullum malè parvis*

    *Si cui filius est.*           (Hor., *Sat.* I, 3, v. 45.)

Suétone dit aussi (*Calig.* 13) : « *Sidus et pullum et puppum* (poupon) *et alumnum appellantium*. » (Voy. *Canard*.)

2 Et comment raurais-je ma chose ? Je dois *poursuir* celui qui la m'osta.

                    (Beaumanoir.)

3 Le Dictionnaire de l'Académie n'applique le mot *poussier* qu'à la poussière de charbon et de poudre à canon. Il se prend dans le Berry dans un sens plus général.

4 Ce mot, autrefois féminin en français, a conservé ce genre dans beaucoup de provinces.

    5 Que chaut-il au potier l'on casse d'aventure

    Quelques-uns des vaisseaux qui sont de sa facture ?

    Il reprend ses outils, en faict d'autres plus beaux,

    Et mesprise les vieux *au prix* de ses nouveaux.

              (Scévole de Sainte-Marthe.)

    6 Vraiment, biau sire,

    J'ai *prou* de quoi rire en ce lieu

    Sans aller là.             (Cl. Marot.)

*Prou saoul*, — qui a bien mangé.

*Prouaille*, *Prouin*, — provin, rejeton de cep de vigne.(Voy. *Preugnures*.)

*Prouin*, — grouin.

*Prouiner*, — provigner.

*Prouve* [1], — preuve.

*Prudentement* [2], — prudemment.

*Pson*, *Psonne*, — jumeau, jumelle.

*Puantise* [3], — puanteur.

*Puces (avoir des)*, — se donner du mouvement, de l'importance.

*Punaise (herbe à la)*, — gaillet gratteron (Bor., 647).

*Puput* [4], — huppe (oiseau).

---

Car enfin toute grande dame, pour son honneur, doit donner un peu ou *prou*.

(BRANTÔME, *Dames galantes*.)

Les avares ne pensent jamais avoir assez pour eux, et ne vivent jamais *prou* vieux en leurs maisons, dont ayant beaucoup et ne dépensant rien. Ils sont comme les mulets qui portent sur leur dos des charges d'or et d'argent, et mangent toujours du foin.　　　　　(ANT. DUVERDIER.)

Après qu'il a *prou* cryé et que personne ne lui respond, il se colère.

(BONAV. DES PERRIERS.)

[1] Confession faicte en jugement fait entière *prouve*, fors en cas de prison.

(*Coutume de Bretagne*.)

[2] Amis si pensant avoir *prudentement* esleu,

D'avanture en ton choix tu te trouves deceu,

Il faut mordre tes doigts et prendre patience.

(SCÉVOLE DE SAINTE-MARTHE.)

[3] Aucun ne peut faire en mur moïtoyen, latrines ou égout de cuisine qui puissent endommager le mur moïtoyen, ne porter préjudice au voisin qui y a part ou portion, soit de *puantise* par édifice desdites latrines ou esgouts, ou détérioration dudit mur.　　　　　(*Coutume du Berry*.)

[4] Du latin *upupa*. (PLINE, *Hist. nat.* X, 36). — Où me munir de langues de *puputz*, et de cueurs (cœurs) de ranes verdes ?　　　(RABELAIS, *Pantagruel*.)

# Q

**Quament, Quaïment, Quasiment,** — quasi, en quelque sorte, presque.

**Quant** [1], — autant que. — *Quant et lui, quant et moi,* — lui aussi, moi aussi. — *Quant et quant* [2], — alors, en même temps; de même que.

**Quarrée,** — âtre, foyer des mariniers dans leurs bateaux.

**Quarrage, Quarroir, Quarrou, Quarrouge, Quarroy.** — (Voy. *Carrage,* etc.)

**Quart,** — angle d'un objet carré, généralement d'une terre, d'un pré, etc.: il a fureté *les coins et les quarts.*

**Quartelée,** — quart d'arpent. (Voy. *Cartelée.*)

**Quatre-œufs,** — localité près Lazenay (Cher).

**Qu'avis donc? Qu'avise** [3], — pourquoi donc? pourquoi ça, qu'est-ce? (Voy. *Par-avis.*)

**Quecas** [4], — noix.

**Quelque part (en),** — environ, peut-être. (Voy. *Queuque part.*)

---

[1] C'est le *quantum* du latin.

[2] Cette belle expression, mal à propos rejetée aujourd'hui de la langue française, apparaît avec toute son énergie dans ces vers de notre vieux Grévin, que La Harpe cite avec raison comme très-beaux dans son *Cours de Littérature* (II<sup>e</sup> part., L. I, ch. 2):

> Alors qu'on parlera de César et de Rome,
> Qu'on se souvienne aussi qu'il a été un homme,
> Un Brute, le vengeur de toute cruauté,
> Qui aurait d'un seul coup gagné la liberté.
> Quand on dira: César fut maître de l'empire,
> Qu'on sache *quant et quant* Brute le sut occire.
> Quand on dira: César fut premier empereur,
> Qu'on dise *quant et quant* Brute en fut le vengeur.

Combien trouvé-je plus naturel et plus vraisemblable que deux hommes mentent, que je ne fay qu'un homme en douze heures passe, *quant et* les vents, d'orient en occident. (MONTAIGNE, *Ess.*, III, 11.)

[3] De quel avis?

[4] Toutefois, ils les payèrent le prix accoustumé et leur donnèrent ung cent de *quecas.* (RABELAIS, *Gargantua*, I, 25.)

Quemander [1], — mendier. (Voy. *Caïmander*.)

Quemandeux, — parasite, pique-assiettes, mendiant. (Voy. *Quemander*.)

Quenoille [2], — quenouille.

Quenouilles. — (Voy. *Canne de jonc*.)

Quérelleux [3], — querelleur.

Querir (se prononce *qu'ri*), — chercher.

Querlus, — courlis, œdicnème criard.

Queroude. — (Voy. *Croix*.)

Queudre, — coudrier, noisetier. (Voy. *Cœudre*.)

Queuque part (en). — (Voy. *Quelque part*.)

Queufi queumi [4], — comme on me fait je te fais; je rends la pareille.

Queuq's-un (un), — quelqu'un.

Quiacrer, — bavarder.

Quillaud, — poli, glissant, luisant, net, bien propre, tiré à quatre épingles. (Voy. *Aquillauder* et *Equillauder*.)

Quiller, — glisser.

Quilloir, — glissoire.

Quinté, — qui est de travers.

Quinzain, — chef ouvrier de forges, chargé de payer aux autres la quinzaine ou rente.

Quotient. — (Voyez *Cautient*.)

Quotientise. — (Voy. *Cautientise*.)

---

1   Oh ! la pitié de voir les mères désolées,

De leurs piteux enfans, tendrement acolées

S'en aller d'huis en huis, leur vie *quemander*.

           ( BAÏF, *Hymne de la Paix*.)

2   Ta *quenoille* et rouet auras

Pour singulier esbatement.      (ET. FORCADEL.)

3 Un bon villageois avait un coq si meschant et *querelleux*.

      (P. DE LA RIVEY, *Traduction des nuits facétieuses de* STRAPAROLE,

       XIII^e nuit, fabl. 1.)

Il faut que l'apothicaire se contente d'un train honnéte et modéré, qu'il soit joyeux, facétieux et diligent autour des malades, qu'il ne soit point avaricieux ni p......., ni adonné au vin, ni *querelleux*.

     (*De l'office et devoir de l'Apothicaire*, par JACQUES SILVIUS, *faite*

     *française*, par ANDRÉ CAILLE. 1580.)

4 Molière a dit dans le *Bourgeois gentilhomme* (III, 10): *queussi queumi*.

# R

*Rabâter*, — faire du bruit.

*Rabonir*, — améliorer : le temps se *rabonit*. (Voy. *Relangi*, *Rembonir*.)

*Râche*, — gale, teigne.

*Râchous*, — atteint de la râche, galeux, teigneux.

*Raclon*, — gratin. (V. *Radon*).

*Radille*, — couches farineuses qui se trouvent quelquefois dans le pain.

*Radiller* (*se*) *au soleil* [1], — se complaire aux rayons du soleil.

*Radon* [2], — râclure.

*Raffestin* [3], — boîte à mettre la chandelle.

*Raffouer*, — poursuivre, chasser, gronder, gourmander.

*Raffut*, — grand bruit, bruit confus et prolongé.

*Raffuter*, — battre.

*Rafistailler*, *Rafistoller*, — réparer, raccommoder les affaires.

*Ragâche*, — averse, inondation causée par de fortes pluies ou par les neiges. — *Coup de ra-*

*gâche*, coup de hasard, raccroc.

*Ragatonner*, — répéter toujours la même chose.

*Rageasse*, — drageon, rejeton.

*Rageot*, — bœuf chétif.

*Ragot*, — conte, bavardage : il m'a dit un tas de *ragots*.

*Rague*, — vieille brebis qui n'a pas produit dans l'année.

*Raguin*, *Raguine*, — agneau, brebis de l'année. (V. *Vassive*.)

*Raie*, — sillon. — *Raie* (*en*), — en terme moyen, l'un dans l'autre.

*Raire* [4], — plein jusqu'au bord : un pot de vin *raire*.

*Rallu*, — raboteux, et (au figuré) difficile à vivre. (Voy. *Araler*.)

*Ramage*, — ramée.

*Ramer*. — (Voy. *Aramer*.)

*Ramier* [5], — jeune bois, sommités des arbres ; se dit principalement de ce que laissent les exploitants après avoir retiré la *moulée* et la corde à charbon.

---

1 Du latin *radius*.

2 Du latin *radere*.

3 Je consigne ce mot d'après Roquefort, quoique je ne l'aie pas entendu employer en Berry, par la raison que *Raffestin* est un nom propre assez commun dans le pays.

4 Du vieux verbe français *raire*, venu de *radere* latin, et qui est la racine d'un grand nombre de mots français très-usités. Voy. le *Dict. étymol.* de ROQUEFORT, aux mots *râcler* et *rayon*.

5 Ce nom n'est employé en français que pour désigner une espèce de pigeon qui niche sur les arbres.

*Ramilloux* [1],—rameux, branchu.

*Raminoire*, — longue perche garnie de ses branches, dont on se sert pour ramoner les cheminées.

*Rampayne*, — ruisseau dont la source ne fournit de l'eau qu'une partie de l'année.

*Rancœur* [2], — dégoût : on dit de quelque chose de répugnant, ça fait *rancœur*.

*Rancouy*, — dur à cuire.

*Rancunable*, — rancunier [3].

*Rancure.* — (Voy. *Rancœur*.)

*Rapage*, — exploitation de menus bois, nettoyage après la coupe d'un taillis.

*Rapé* (*du*) [4], — piquette, boisson qu'on obtient en jetant de l'eau sur le marc de raisin ou d'autres fruits.

*Raper*, — faire un *rapage* ; — détruire, ruiner : il est *rapé*.

*Rat* (*épine de*), — fragon piquant petit houx (Bor., 1280). —

*Rat* (*oreille de*), — épervière piloselle (Bor., 823).

*Rataillis* [5], — bois taillis ; bois rabougris.

*Ratatouille*, — mauvais ragoût.

*Rate* [6],—mollet, gras de la jambe.

*Raté*, — rongé par les souris et par les rats : ce tas de blé est *raté*.

---

1 Dérivé du latin *ramus.*

2 Employé dans les vieux auteurs, au masculin comme au féminin, pour *rancune, chagrin, dépit jaloux.*

La charité n'est pas de même,
Elle aime autant comme elle s'aime ;
Elle est sans fiel et sans *rancœur.*

(Guillaume-Colletot.)

Excusé par pitié ma jalouse *rancœur.*          (Régnier.)

Arrière, vaines chimères
De haines et de *rancœurs,*
Soupçous de choses amères
Eloignez-vous de nos cœurs.

( Malherbe, *Ode à Henry-le-Grand.* )

L'ambition des grands et la gloute avarice,
Font qu'ils tentent les roys de *rancœur* animez. ( J. A. de Baïf. )

Dans l'estomach jette lui le *rancœur.*          ( Ronsard, *Franciade*, III.)

3 L'Académie dit *rancunier*, mais nous faisons observer que le mot populaire *rancuneux* est seul conforme aux analogies de notre langue, comme signifiant *plein de rancune.*

4 Dans le Dictionnaire de l'Académie, le *rapé* s'entend du raisin nouveau qu'on met dans un tonneau pour raccommoder le vin quand il se gâte.

5 *Rataillis* pour *ras-taillé*, taillé ras.

6 L'expression : « courir comme un *dératé* » que le Dictionnaire de l'Académie fait dériver de l'organe de la rate, ne viendrait-elle pas aussi de ce que les hommes

Ratte, Rataille, — abondance de rats ou de souris.

Rauble, — fourgon, espèce de rateau pour tirer la braise du feu, la boue, etc.

Rauches, — roseaux.

Rauger, — remuer : *rauger* du blé, une salade ; — emmaillo-ter : *rauger* un enfant. — Rauger (*se*), se trémousser.

Ravision, — nouvel avis, chan-gement de détermination, action de se raviser.

Rayer, — rayonner, luire : *le soulé raye*, le soleil luit.

Rayon, — buffet non fermé où on range la vaisselle. (Voyez *Dressoir*.)

Rebasser, — remonter des vieux bas, y rajuster des pieds neufs. (Voy. *Rembuer* et *Rembusson*.)

Reber (*se*), — se tromper.

Rebouler, — recevoir avec hu-meur, repousser avec rudesse ; — rouler les yeux. — (Voy. *Erbouler*.)

Reboulé, — bourru.

Rebouter, — remettre, repla-cer, — se dit aussi de la ré-duction des fractures, fou-lures. (Voy. *Remiger*.) — Re-buter avec rudesse et avec mépris.

Rebouteur. — (Voy. *Remigeur*.)

Rebouture, — provision de fruits provenant du grapetage après

la récolte : il a bien fait sà *r'bouture*, il s'est bien appro-visionné.

Rebuffe, —de mauvaise humeur.

Rebuffière, — visière de cas-quette. (Voy. *Bonjour*.)

Recarrelage, — mariage d'un veuf avec une veuve.

Réchaner, — braire.

Réchaud (se coucher au), — se coucher sans refaire son lit.

Recopter, — recommencer une chose. (Voy. *Arcoupter*.)

Redon, — gaillet molluginc. (Bor., 642.)

Régalade, — se dit principale-ment des fagots de sarment. (Voy. *Flambée*.)

Régale [1]. — (Voy. *Cimeau*.)

Regardant, — difficile, soup-çonneux.

Regardière [2], Regardure, — ma-nière de regarder : il a une mauvaise *regardière*.

Régner, — habiter, parcourir habituellement : du temps où il *régnait* dans ce domaine ; les loups *règnent* dans ce bois; les bestiaux ont *régné* dans ce pré, ils y ont tout gâté.

Regond de l'eau, — remou.

Reguît, — sillon ; — labourage qui précède celui par lequel on enterre la semence.

Relangi, — bonace du temps après une tempête, un froid

---

à jambes sèches sont en général bons marcheurs? D'autant que, d'après la même autorité, le muscle charnu qui, dans le gigot de mouton, correspond au mollet de l'homme, s'appelle la *souris*.

1 Ce mot se dit sans doute à raison de ce que le *cimeau* est employé à *régaler*, c'est-à-dire à compléter, dresser, niveler les cordes des taillis.

2 Quand votre dame d'aventure
    Jettait en allant à l'offrande
    Sur ung autre sa *regardière*.       (MARTIAL D'AUVERGNE.)

rigoureux : le temps est *re-langi*. (Voy. *Rabonir*.)

*Remarnúment*, — faveur, inter-cession, crédit; se dit d'un bienfaiteur : à son *remarnúment*, j'ai obtenu telle chose.

*Rembonir*. — (Voy. *Rabonir*.)

*Rembuer*, *Rembusser*. — (Voy. *Rebasser*. )

*Rembrise*,—essor, élan : prendre sa *rembrise*, prendre son élan.

*Rembrunser*,— repriser des bas.

*Rembusson*, — pied neuf remis à un vieux bas.

*Remembrance* [1], — souvenir. (Voy. *Membrance*.)

*Remiger une fracture*, — la ré-duire.

*Remigeur*, *Remigeux*, *Remi-gaux*, — celui qui fait métier de remettre les membres, de guérir les entorses.

*Remiser*, — évincer, éconduire :

se dit d'une personne qui a été refusée dans une demande de mariage.

*Renard (queue de)*. — (V. *Loup*.)

*Renarder*, — vomir. — On dit aussi du vin qu'il *renarde*, quand il prend en vieillissant un goût amer.

*Rengraisser*.—(Voy. *Engraisser*.)

*Rengréger*, — en parlant d'un malade dont l'état empire.

*Repáter*, — faire un repas.

*Répecquer*, — récupérer.

*Repentance* [2], — repentir.

*Replat*, — espace déprimé.

*Répons ( il n'a rien )*, — il n'a rien répondu.

*Repouser* [3], — reposer.

*Requeumer*, — raccrocher, rat-traper une personne qui tombe.

*Résou*, — résolu, hardi, décidé.

*Respect (sous, sauf vot')* [4], —sauf votre respect.

---

[1] Par quoy volontiers vous direz

D'icelle la forme et *semblance*,

Ainsi que j'en ay *remembrance*.     ( *Roman de la Rose*. )

Ce mot s'est conservé dans la langue anglaise.

[2] . . . . . Mais la vaine plaisance,

De volupté finit toujours en *repentance*.     (J. A. DE BAÏF.)

Ainsi se fruict de mon vain exercice

C'est *repentance* avec honte et notice

Que ce qui plaist au monde n'est que songe.

( MAROT, t. III, p. 404. )

[3] Tu me douras, mon espouse,

Dit-il, ce sac qui *repouse*

Plein d'or, de ducat chosi

En quelque coffre moisi.     ( AMADIS JAMYN.)

[4] Non-seulement cette formule d'adoucissement et de courtoisie s'emploie chez nous comme partout, quand en parlant à un supérieur on mentionne des animaux; mais il arrive souvent qu'on en fait usage relativement à d'autres objets auxquels s'attache, parmi les gens à prétention, une idée méprisante : par exemple, une de ces carioles suspendues appelées *pataches* : j'ons vu passer, *sous vot'respect*, une patache.

*Resse*, — corbeille, corbeillée.
*Ressuy*, — ressuyé. (Voy. *Essuy.*)
*Retirance*, — demeure, lieu où l'on se retire.
*Retirer à.* — (Voy. *Tirer à.*)
*Retorner* [1], — retourner.
*Retrou*, — bâton de batelier cassé, formant écueil dans une rivière. (Voyez *Bourde.*)
*Reuche*, — roupie.
*Reusse.* — (Voy. *Jotte.*)
*Reuve*, — rave, navet.
*Revirer*, — retourner de côté.
*Revive, Revivre*, — regain, seconde herbe d'un pré.
*Revuiller*, — rouvrir les yeux, revenir à la vie. (Voy. *Aveugler.*)
*Rez, le rez de la nuit*, — l'entrée de la nuit. (Voyez *Arrêt de nuit.*)
*Riau*, — ruisseau. (Voy. *Ry.*)
*Riban* [2], — ruban.
*Riboulé*, — gros, épais, massif.
*Riboulons (à)*, — tout en un monceau.
*Ridagneux*, — moqueur, ricaneur.
*Rièble.* — (Voy. *Punaise (herbe à la).*)
*Rien*, — peu : *rien gros*, rien

grand, gros ou grand comme rien. — *Pas rien que* [3], — non pas seulement : il n'y a *pas rien que* lui, c'est-à-dire il y en a d'autres.
*Rignan*, — grognon, déplaisant.
*Rin*, — rien.
*Ringard*, — barre de fer servant à attiser le feu des forges.
*Ripe*, — toute espèce de très-petits poissons.
*Risque-tout*, — homme ou cheval qu'on ne ménage pas.
*River le lit*, — le border, mettre les bords de couverture sous le matelas.
*Rocher une pierre*, — la lancer.
*Rochet*, — blouse, petit manteau.
*Rocmane* [4], — redingote.
*Rodais*, — chercheur d'aventures galantes.
*Roi-Bertaut*, — roitelet. (Voy. *Roubri.*)
*Roie*, — sillon (Voy. *Raie* et *Enrayer*); — petit sentier séparatif de deux morceaux de vigne, de pré ou de terre.
*Roquet*, — septier (mesure).
*Roquin*, — à poil ras.
*Rotin, Rotine.* — (Voy. *Routin.*)
*Rouaie.* — (Voy. *Roie.*)

---

1 . . . . . . . . . Puis qu'en est la saison,
Que déjà le soleil, guidé du Capricorne,
Donne espoir que bientôt devers nous il *retorne.*
( SCÉVOLE DE SAINTE-MARTHE, *la nuit de Noël.*)

2 Je voudrais être le *riban*
Qui serre ta belle poitrine. (RONSARD.)

Les *ribans* et les chaperons. ( *Id.* )

3 On ne peut reprocher à cette locution la faute relevée par Bélise :
De pas mis avec *rien* tu fais la récidive, etc.(MOL., *Femmes sav.*, II, 6.)

4 Formé des mots allemands *rock* (habit) et *mann* (homme); vient du séjour des prisonniers allemands dans le pays en 1794.

*Rouagé (chemin)*, — défoncé par les roues, où il y a des ornières.

*Rouamble*, — patience officinale (Bon., 1135).

*Rouatin*, — quelqu'un dont il faut se défier.

*Roubri*. — (Voy. *Roi-Bertaut*.)

*Rouelle*, — petite roue.

*Rouettage*, — triage de *rouettes* dans un bois-taillis.

*Rouette*, — baguette, lien de bois.

*Rouger*, — ronger, sucer.

*Rougeon*, — chose rongée.

*Rougigner*. — (Voy. *Rouger*.)

*Rouil (le)* [1], — la rouille.

*Rouille-couteau*, — localité près de Rouvres (Indre).

*Rouin*, — ornière.

*Rouine*, — rigole.

*Rouinte*, — patience crépue. (Bon., 1134.)

*Rouïole*. — (V. *Brebis* (oseille de).

*Roule de bois*, — amas de bois encordé : *roule* de plusieurs demi-décastères.

*Roulée* [2], — volée de coups.

*Roulière*, — blouse comme en portent les rouliers. (Voy. *Biaude*.)

*Roumer*, — respirer avec oppression et bruit.

*Routi* [3], — rôti.

*Routin*, — petit chemin. (Voy. *Ruette*.)

*Routiau*, — rouleau, herse.

*Royauté (la)* [4], — localité près de Clion (Indre).

*Roye*, — sillon ; se dit aussi au figuré : *suivre la roie*, suivre l'exemple. (Voy. *Enrayer*.)

*Ruamble*. — (Voy. *Rouamble*.)

*Rubans (herbe à)*, — alpiste roseau (Bon., 1465).

*Rucher*, — jeter des pierres pour mettre en fuite. (V. *Rocher*.)

*Rude*, — extrêmement : *rude* bon, *rude* beau, extrêmement bon, beau, solide : c'est un *rude* homme !

*Rudeyer*, — rudoyer, traiter avec rigueur.

*Rue-courbe, Rue-torte*, — localités près de Vatan (Indre).

*Ruessaud (terrain)*, — terrain envahi par les broussailles, fourré.

*Ruesse*, — petit bois, accrue.

*Ruette*, — ruelle, petite rue, couloir, passage (Voy. *Routin*); — *Ruette au pain*, gorge : il m'a serré par la *ruette au pain* [5].

*Rufe, Ruflard, Rufle*, — bourru, hargneux, déplaisant.

*Ruiche*, — rouge-gorge.

*Ry*, — ruisseau. (Voy. *Riau*.) Ce mot a servi à désigner plusieurs localités : le *Ry*, près de Mers (Indre). — *Ry-de-feu (le)*, — localité près de Chalais (Indre).

---

1 . . . . . . . Viendra jamais le temps,
Que le *rouil* mangera les haches émoulues.
(VAUQ. DE LA FRESNAYE, *Art poétique*.)

2 Une *roulée*, jusqu'à ce que mort s'en suive.   (G. SAND, *Valentine*, t. II, c. 18.)

3 Pindare hier dinant avec nous chez Mecenas, louait fort une bonne tétine de bœuf *routie*.   (BEROALD DE VERVILLE, *le moyen de parvenir*.)

4 En revanche, on trouve sur la route de Saint-Etienne à Annonay la montagne de la *République* (Haute-Loire).

5 Déposition d'un témoin dans un procès à la police correctionnelle de Bourges.

# S

Sabot (casser son), — faillir. (Voy. Foindre.)

Sac de grange, — porche en avant d'une grange.

Saccage, — grand amas, réunion confuse d'objets.

Safran bâtard. — (Voy. Tue-Chien, Veillotte.)

Sagot, Sagotter, — cahot, cahoter.

Saigne-nez, — achillée mille-feuilles (Bon., 716).

Saignes. — (Voy. Anottes.)

Salignon, — coffre en forme de chaise, où l'on met le sel à la cuisine.

Salopette, — tablier montant pour les petits enfants.

Sanciau [1], — omelette épaisse avec de la farine.

Sancoyer, — tremper dans quelque chose. (Voy. Saucoyer.)

Sang (bon)! [2] — juron.

Sanger [3], — changer.

Sangsuie, Sangsure, — sangsue.

Sangsurieu, — preneur de sangsues.

Sans cesse, — de temps en temps, souvent.

Sansouris, — chauve-souris.

Sarcoter, — piquer un cheval rétif, une bête difficile ; — chercher, fureter.

Sarreau, Sarrelle, — se dit des noix dont le brou est adhérent à la coquille. (Voy. Serelle.)

Sater, — presser, fouler, battre : la pluie a saté les garets.

Saucoyer. — (Voy. Sancoyer.)

Sausser la farine [4], — la passer dans un sas.

Sauteriau, — sauterelle, cigale.

Sauvage (terre), — expression employée par les cantonniers des routes, pour distinguer la terre qui reflue de l'encaissement, de la boue provenant de l'usure de la chaussée.

Sauve [5], — sauf.

Savatelle (la), — localité près de Pruniers (Indre).

---

[1] Le dimanche de la Quasimodo, on allume à minuit des torches de paille, et on les brandit sous les arbres pour les préserver de la gelée, des chenilles, etc. En rentrant on mange des sanciaux. Ce dimanche s'appelle le dimanche des brandons.

[2] Dans le genre des jurons de Sylvestre, dans les fourberies de Scapin (II, 9) : Ah! tête! ah! ventre!

[3] Voy. Introduction, page ix, note 3.

[4] Mauvaise prononciation de sasser.

[5] Priait incessamment Dieu qu'il lui plût lui renvoyer son mary sain et sauve.
(P. DE LA RIVEY, Traduction des facétieuses nuits de STRAPAROLE.)

*Savaterie (la)*, — localité près de la Chapelotte (Cher).

*Savoir (faire à)* [1], — faire savoir, apprendre.

*Schnute.* — (Voy. *Loup (rose de)*.

*Scholà !* — exclamation pour arrêter les bœufs. (Voy. *Sta-ho*).

*Sécheron, Sécheran*, — pré situé dans un lieu sec, partie sèche ou élevée d'un pré. ( V. *Chesseron.* )

*Secousse* ( *à* ) [2], — par petites fois, de temps à autre.

*Secret*, — sorcellerie : panser par *secret*, traiter les maladies par la sorcellerie.

*Semblance* [3], — apparence, semblant, ressemblance, vraisemblance.

*Semondre, Semonner* [4] , — avertir, convoquer; demander en mariage pour un autre.

---

[1] Je vos fais *à savoir* qu'ils viennent, etc. ( RUTEB., *le diz de lerb.*)

Dans la citation suivante, cette expression est écrite : *assavoir*, et forme un verbe :

Pareillement je vous fais *assavoir*

Que les préceps de Jésus faut sçavoir.  ( *Myst. des Act. des Apôt.*)

[2] Les ans m'entraisnent s'ils veulent, mais à reculons : autant que mes yeulx peuvent recognoistre cette belle saison expirée, je les y destourne *à secousse*.

(MONTAIGNE, *Essais*, III, 5, t. III, p. 306, édit. stéréot. in-12.)

[3]   De nos seigneurs que vous est-il avis ,

Compains Erars? dites votre *semblance*.

( LE COMTE DE BAR, chanson, t. II, p. 19, *de la collection des vieux poètes fr.* )

[4] Venu du latin *submonere*, et souvent employé par nos vieux auteurs :

A Pentecoste cascun an

*Semondait* les barons par ban.   (MARIE DE FRANCE, *Val de Groland.*)

Je *semonnoie* tous les riches hommes de l'ost ; dont il convenoit que le roy empruntast aucune fois de ceux que j'avois *semons*.

(JOINVILLE, p. 164 de l'édit. de 1826.)

Chascuns me *semond* de chanter.

( LE VIDAME DE CHARTRES, t. II, p. 26 de *la Collect. des vieux poètes français.* CHAPELET, 1824.)

Ingrate, hélas! tu ne veux me répondre,

J'ai donc beau te *semondre*. »   (V. DE LA FRESNAYE, p. 507.)

C'est pourquoy je te *semons*, Baudet, ton petit pas avec moy venir.

(RABELAIS, *Pantagruel*, V, 7.)

Le vilain ou roturier était *semond* du matin au soir ou du soir au matin, au noble il fallait quinzaine.   (LOISEL, *Inst. cons. Liv.* I, t. I, r. 27.)

Quand le roy veut tenir ses estats, *semond* son peuple de députer aucuns personnages pour envoyer vers sa majesté, il s'asseure que son peuple choisira des mieux intelligens et plus gens de bien qui soient dans les provinces.

( GUY COQUILLE, *Discours des Etats de France.*

*Semonneux* [1], — celui qui demande en mariage pour un autre.

*Séné* (*faux*), — gratiole officinale (Bor., 1024).

*Sener,*—semer; — châtrer. (Voy. *Cener.*)

*Sente*, — sentier, allée de bois.

*Sentu* [2], — senti.

*Septaine* (dans la prononciation on fait sentir le *p*), — canton du Berry, composé sans doute originairement de sept paroisses : *Savigny-en-Septaine.*

*Sereine* [3], — syrène. Il y a à Bourges la rue *Sereine.*

*Serelle*, — noix. (Voyez *Sarreau.*)

*Séron*, — peigne de cardeur; — paquet de chanvre, de chenevottes;— corde; — ruban,

fil étroit : *teiller son séron*, mourir.

*Serpent* (*une*), — un serpent. —

*Serpent* (*échalot de*),—ail à tête ronde (Bor., 1305). — *Serpent* (*muguet de*), — muguet multiflore (Bor., 1277). — *Serpent* (*ognon de*),—muscari à toupet (Bor., 1292). — *Serpent* (*pois de*). (Voy. *Geargio.*)—*Serpent* (*rave de*), — bryone dioïque (Bor., 328). — *Serpent* (*rose de*). (Voy. *Sétons* (*herbe à*). — *Serpent* (*violette à*), — pervenche à petite fleur (Bor., 869 ).

*Serre*, — vallée étroite; — *en serre* [4], à l'étroit.

*Serre-cœur*, — cercueil.

*Serrer* [5], — amasser : *serrer du bien*, amasser une fortune.

---

1 Après que la proposition a été faite par le *semonneux*, le père du jeune homme va chez les parents de la jeune fille, et cherche dans les cendres du foyer avec son bâton ; s'il y trouve une poire ou une pomme, le mariage est conclu; sinon, le refus est formel.

2 De laquelle sentence iceluy deffendeur s'est *sentu* aggravé et en a appelé à la cour.                          (Martial, 1ᵉʳ arrêt d'amour.)

3   La royne blanche comme ung lys

    Qui chantait à voix de *sereine.*

                         (François Villon.)

4  Tu mets fin à notre guerre,

    Qui depuis huit ans passés

        Oppressés,

  Nous tenait les cœurs en *serre.*        ( P. de Ronsard.)

5   Si la Parque inhumaine

    Souffrait pour de l'argent

    De quinzaine en quinzaine

    Comme fait un sergent,

    Pour vivre davantage

    Je *serrerais* du bien :

    Mais vargue du mesnage

    Puisqu'il ne sert de rien !

               (Adam Billaut, le menuisier de Nevers,

                      *Chansons bachiques.*)

Sétons (herbe à), — hellébore fétide (Bor., 38). (Voy. Serpent (rose de).

Seu, — sureau noir (Bon. 627). (Voy. Su.)

Siéger, — cela lui siége ben, pour cela lui sied bien.

Siéger, Siézer, Siéter, — asseoir.

Sillon, — mèche de fouet. (Voy. Accorgeon, Touche.)

Sillonée, — longs fils auxquels sont attachés des lacs ou lacets pour prendre les oiseaux.

Simer, — s'infiltrer : l'eau sime.

Sindin, — ingénu, simple, niais.

Sin, Senne, — sien, sienne : à chacun le sin. (V. Min, Tin.)

Siner, — aspirer fortement une prise de tabac.

Sinse, — torchon de four ; — se dit, au figuré, de quelqu'un qui est salé et dégoûtant.

Si-pourtant, — cependant.

Smiller, Smillage, — appareiller, tailler (se dit des pierres) ; — garnir d'agrès (s'applique aux bateaux). (Voy. Couplage.)

Social, — localité près de Garigny (Cher).

Soi, — lui, en parlant d'une tierce personne : c'est soi qui m'a dit cela.

Soïe, Soile, — gros ventre.

Soillon, Soïon, — ventru. (Voy. Baudru, Boudru.)

Soins, — seins, mamelles.

Soir (à), — pour hier au soir.

Soire, — truie en chaleur (Voy. Ardoire, Boussoueille, Chassoueille.)

Soiretée, — soirée.

Solar, Soular, — solaire : vent solar, vent du midi.

Sole de pré, — racines entrelacées des herbes formant le pied du gazon. (V. Couenné.)

Solée, — cépée, touffe de plusieurs tiges de bois.

Solier, — plancher.

Solognot, — habitant de la Sologne.

Sonais, — sournois, hypocrite, malicieux.

Som (on prononce son), — sommeil : j'ai som, t'as som, j'ai, tu as sommeil.

Sordé [1], — idiot.

Sordon [2], — source, fontaine ; — sourde, nom de la petite bécassine.

Soret, Sorette, — sans oreille : chien soret, qui a les oreilles coupées.

Somais. — (Voy. Sonais, Soumard.)

Sornaiseté, Sornaitie, — hypocrisie.

Sornette, — sobriquet : il s'appelle un tel ; mais sa sornette est Gueule-fraîche.

Sort, — cep de vigne.

Sottisieux, — diseur de sottises.

Sotiot, — sot, imbécille.

Soubransier, — homme servile.

Soudée (payer la mal). — (Voy. Malsoudée.)

Souffernes, — spasme qui suit les pleurs.

Souffrance [3], — patience, tolérance, consentement.

---

1 Dérivé du latin surdus.

2 Dérivé de sourdre, venu lui-même du latin surgere.

3 Mauduit a dit dans son commentaire sur les coutumes du Berry, page 33 : leur souffrance et tolérance les oblige seulement et encore loisiblement pour le trait et la marchandise exercée par leurs fils et femmes publiquement.

*Souffrant,* — patient, endurant : il n'est guère *souffrant,* il n'est guère endurant.

*Souffrenerie,* — nom de lieu dérivé sans doute de quelque servitude.

*Soulaire.* — ( Voy. *Solar.* )

*Soulé,* — soleil. ( Voy. *Aramé.*)

*Sournard,* — sournois, rancunier. ( Voy. *Sonais, Sornais.* )

*Souris-chauve,* — chauve-souris.

*Souriller (ne pas)* [1], — écouter avec attention : quand il parle, personne ne *sourille.*

*Soutenance* [2], — soutien, subsistance, entretien.

*Soutre* [3], — base d'une meule, plate-forme, fond de bateau garni de planches, de fagots.

*Sous-ventrière,* — ceinture, et même : écharpe (par ironie).

*Sta-bo!* [4] — exclamation des laboureurs pour arrêter leurs bœufs. ( Voy. *Scholà!* )

*Sti-cy, Stelle-là,* — celui-ci, celle-là.

*Stoc,* — grosse pièce de charpente qui supporte l'enclume dans les forges.

*Stouma,* — estomac. ( Voy. *Décroché.*)

*Su, Suyeau.* — ( Voy. *Seu.* )

*Sué, su,* — sureau.

*Suppurer,* — se dit non-seulement des plaies, mais aussi de l'eau qui s'échappe, qui filtre à la surface des terres. ( Voy. *Pleurer.*)

*Surelle.* — ( Voy. *Alleluia.*)

*Surjon* [5], — rejeton.

*Sus,* — sur.

---

1 Cette expression veut-elle dire ne pas même faire le bruit que ferait une *souris,* ou n'est-elle qu'une syncope de *sourciller ?*

2 . . . . . . Mais le Dieu superne
Sera des bons toujours la *soutenance.*    (Marot, *ps.* 26.)

Ce mot, qui n'est pas admis dans le Dictionnaire de l'Académie, est pourtant encore employé dans le style sérieux pour indiquer l'acte de soutenir une thèse.

3 Du latin *subter.*

4 Expression toute latine : *Sta bos!*

5   *Surjon* de saint Louis, dont l'heureuse naissance
Estouffe pour toujours l'hydre des factions.
(Adam Billaut, le menuisier de Nevers, *Stances sur la naissance de Louis XIV.*)

# T

*Tabouler* [1], — battre quelqu'un ; se dit en plaisantant pour gronder, et du supérieur à l'inférieur.

*Tâcheron*, — petit entrepreneur de moissons, de terrassement, etc.

*Tacot,* — souche d'arbre.

*Tailler*, — fournir, servir : *tailler une pension.*

*Talle*, *Tallure*, — contusion, meurtrissure.

*Taller, Tallé,* — meurtrir, meurtri. — *Bois-tallé*, — localité près de Vigeon (Indre).

*Tandiment que*, — tandis que.

*Tanner, Tanner le cuir*, — frapper à poing fermé sur quelqu'un.

*Tantoust* [2], — tantôt.

*Tant plus* [3], — d'autant plus. — *Tant que là*, — jusque-là. — *Tant qu'à moi*, — quant à moi. — *Tant seulement* [4], — seulement. — *Tant si peu*, — tant soit peu.

*Taque*, — plaque de fonte.

*Tard-donne*, — localité près de Seruelles (Cher.)

*Tarder l'heure d'arriver*, — être au moment d'arriver.

*Tartiboulotte*, — salsifis des prés (Bor., 790).

*Tartifume* [5], — localité près Marçais (Cher).

*Tartoufle* [6], — pomme de terre. (Voy. *Truche*.)

*Tête-au-pot*, — qui se mêle des affaires du ménage.

*Tatouan*, — dissimulé, hypocrite.

*Taubar*, — buse.

*Taupin*, *Taupine*, — basané, couleur de taupe. Ce nom se donne aux bestiaux dont le poil est noir.

*Taupine*, — taupinière.

---

1 Pour *sabouler*.

2 Et avec gros raisins estuvaient les jambes de Forgier mignonement si bien qu'il fust *tantoust guary*.      (RABELAIS, *Gargantua*, I, 26.)

3 Plus elle fait et *tant plus* on la veut,

     Car volontiers on veut ce qu'on ne peut.      (AMADIS JAMYN.)

     *Tant plus* je combattais, plus j'étais animé.      (RÉGNIER.)

4 Je crois qu'elles voudraient que je fusse immortel,

     Afin *tant seulement* que mon ennui fût tel.      (SAINT-AMANT.)

Que nulle autre personne de quelque estat et condition qu'il soit, ne puisse habiller et vendre viande qui aye eu odeur de feu, fors *tant seulement* lesdits maitres rotisseurs. (*Lettres sur les statuts des maitres rotisseurs de Paris.* LOUIS XII. May 1509.

     Le dimanche, une robe auras,

     De drap de prix, *tant seulement*.      (ET. FORCADEL.)

     Pour moi *tant seulement* sa porte était fermée.      (RÉGNIER.)

5 Pour *Tard-y-fume*.

6 De l'allemand *kartoffel*.

*Tauraille*, *Tauraillon*, *Taurais-seau*, — petite taure; tau-reau chétif et de peu de va-leur; se prend en mauvaise part.

*Taurin*, — jeune taureau; se prend en bonne part. (Voy. *Tauraille*.)

*Tauter* 1. — (Voy. *Dôter*.)

*Tect* (se prononce *tet*) 2, — toit : mettre les bêtes au *tect*. (Se dit principalement des porcs.)

*Teigne*, — cuscute à petites fleurs (Bor., 888).

*Teindu*, — teint.

*Teins* 3, — tiens.

*Tel, Telle*, — dans le même état : la chose est restée *telle*.

*Tendron*, — bugrane rampante, arrête-bœuf (Bor., 441). — *Tendron*, localité près Né-rondes (Cher); autre près Lignières (Cher).

*Tenir*, — parcourir. (Voy. *Quart*.)

*Tenou*, — cuvier à faire la les-sive. (Voy. *Mortier*.)

*Tentable*, — ennuyeux, importun.

*Tenter*, — ennuyer, tourmenter; — solliciter; se prend le plus souvent en bonne part.

*Terbou*, — bourrasque, tourbil-lon, ouragan.

*Terbouler*, — remuer, troubler, bouleverser.

*Terluire*, — reluire : ses yeux *terluisent* comme deux chan-delles.

*Terluster* (*se*), — s'agiter, se tourmenter.

*Terrasse*, — terrine.

*Tertous*. — (Voy. *Tretous*.)

*Têteau*, — arbre têtard.

*Teurer*, — donner un coup de tête : les moutons *se teurent*.

*Thou*, — fossé, trou, voûte; — nom de lieu dans l'arron-dissement de Bourges.

*Tienra*, *Tienrai*, *Tienrons*, — tiendra, tiendrai, tiendrons.

*Tillot*, — tilleul.

*Timber*, — tomber; — *timber* de l'eau 4, — uriner.

*Tin, Tenne*, — tien, tienne. (Voy. *Min, Sin*.)

*Tiot*, — petit cuvier.

*Tire-à-tire*, — à l'instant, promp-tement, tout de suite.

*Tire-goutte* (*herbe à la*), — re-noncule flammette (Bor., 22).

*Tirer à*, — se rapporter à, avoir

---

1 *Dôter* est probablement le mot *tauter*, dont on a adouci le t. (Voy. note au mot *Vende*.) De *tollere*, latin, on a fait *tolte*, *taulte*, *taute*, et enfin *tauter*.

 2 Sus grands toreaux et vous brebis petites,
  Allez au *tect*, avez assez brouté.   (Cl. Marot.)

  En *tect* bien seur, joignant ses beaux herbages,
  Coucher me faict, me maine aux clairs rivages. (*Idem.*)

  Ou est ton *tect* et ton boys?
    (Et. Forcadel, *Dialogue rustique et amoureux*.)

Comme si le chaton eust été parc ou un *tect* auquel il les eust enfermés.
   (J. Amyot, *Amours de Théagène et de Chariclée*.)

 3 Tu me *teins* jà à ton fil, roine bele.
   (Rutebeuf, *Miracle de Théophile*.)

4 *Tomber de l'eau* est une expression habituelle dans Montaigne.

du rapport, de l'analogie, de la ressemblance. (V. *Retirer à.*)

*Tirouêr.* — (Voy. *Potiouêr.*)

*Tirpler*, — tirailler.

*Tissier*, — tisserand.

*Toby*, — bête, niais. (Voy. *Palais, Toto.*)

*Toison* (un), — une toison.

*Tombit* [1], — tomba.

*Tondailles*, — tonte des bêtes à laine.

*Toqué* (*il est*), — il a la cervelle fêlée.

*Toquet*, — bourrelet pour les enfants.

*Toquots.* — (Voy. *Bâlotte.*)

*Torche-bœuf*, — localité près de Saint-Symphorien (Cher).

*Torgnolle*, — coup sur la tête.

*Torner* [2], — tourner.

*Tortin* [3], — cauteleux.

*Toto*, — niais. (Voy. *Toby.*)

*Totouner*, — tâtonner, se remuer beaucoup pour ne rien faire.

*Touche-aux-nues*, — homme de petite taille.

*Touche de mulets, d'ânes,* — bande, troupe de mulets, d'ânes. — *Touche de fouet,*

— extrémité, mèche d'un fouet. (V. *Accorgeon, Sillon.*)

*Touchoire*, — aiguillon.

*Tour-de-temps* (un), — quelque temps.

*Tournelle*, — petite tour : un château à quatre *tournelles.*

*Tourner midi*, — manger avant midi, dîner avant midi, dans les longs jours. (Voy. *Mendionner.*)

*Tournicou*, — torticolis.

*Tournure*, — change, remplacement : *Tournure de terre*, sole, division d'un assolement : on cultive ce domaine en trois *tournures.* — *Tournure d'habits*, habits de rechange.

*Tourtier*, — râtelier au pain, suspendu à quatre cordes au plafond.

*Tourtre* [4], — tourterelle.

*Tousse*, — toux : il a une mauvaise *tousse.*

*Toussi! Toussi!* — interjection pour chasser un animal incommode.

*Toussir* [5], — tousser.

---

1 En telle sorte que Marquet *tombit* de dessus sa jument, mieux semblant homme mort que vif. (RABELAIS, *Gargantua*, I, 25.)

2 Légèrement son cheval *torne*,

Et du mal pas bien le *destorne*.

( GAUTHIER DE COINSY, *Légende de Théophile.*)

3 Dérivé de *tort, torte*. On écrit et on prononce aujourd'hui *tors, torse*.

4 Dieu vous gard', messagers fidelles

Du printemps, vistes *arondelles*

Huppes, cocus ( coucous ), rossignolets,

*Tourtres* et vous oiseaux sauvages

Qui de cent sortes de ramages

Animez les bois verdelets. ( RONSARD.)

5 Du latin *tussire*; comme *sangloutir* (sangloter) de *singultire*. — On trouve dans la satire Ménippée, dans les lignes qui précèdent la harangue de l'archevêque

*Tout*, — entre dans plusieurs locutions remarquables : — *Tout à* (suivi d'un substantif), garni de. . : terrain *tout à* trous, terrain où il y a beaucoup de trous. — *Tout-à-l'heure*, — actuellement, à présent. — *Tout en tout (de)*, — entièrement. — *Tout partout* [1], — partout.

*Toutifaut* [2], — localité près de Chateauroux (Indre).

*Trace*, — haie.

*Trafit*, — hardes, mobilier, effets.

*Traînasse*. — (Voy. *Cochon* (herbe à).

*Traîneau*. — (Voy. *Cheveux de la Vierge*.)

*Traîne* [3], — chemin boisé.

*Tralle*, — sec, hâlé.

*Tramois* [4], — divers grains, comme orge, avoine, etc. (V. *Tremois*.)

*Tranché*, — se dit du lait qui tourne sur le feu.

*Travaille-coquin*, — localité près de Saint-Maur, aux environs de Chateauroux (Indre).

*Traversé*, — se dit d'un enfant lutin, tapageur.

*Traversin* ( *faire du*), — démarche avinée ; aller d'un côté à l'autre de la rue.

*Travoir*, *Travouet*, — dévidoir pour mettre le fil en écheveau.

*Trayon*, — tas, monceau de fumier.

*Treize-bleds*, — localité près de Soye-l'Eglise (Cher).

---

de Lyon : « Après que tout le monde eut sonorement et théologalement *toussi*, craché et recraché. » — Nous avons beaucoup de verbes qui avaient autrefois l'infinitif en *ir*, et qui depuis ont pris la forme en *er*.

Les gentilshommes et damoiselles rirent assez de voir ce pauvre prestre toute une nuit fesant le crucifix sur un buffet sans oser *toussir*, eut-il mangé cent livres de plumes.                        (P. DE LA RIVEY.)

[1]  *Tout partout* pères on les nomme,
      Et de faict plusieurs fois advient
      Que ce nom très-bien leur convient.
                ( CL. MAROT, *Second colloque d'Erasme.* )

[2]  *Tout-y-faut* (du verbe *faillir*), c'est-à-dire *tout y manque.*

[3] Ils suivaient un de ces petits chemins verts qu'on appelle en langage villageois une *traîne* ; chemin si étroit, que l'étroite voiture touchait de chaque côté les branches des arbres qui le bordaient.   . . . . . . . . . Rien ne saurait exprimer la fraîcheur et la grâce de ces petites allées sinueuses qui s'en vont serpentant avec caprice sous leurs perpétuels berceaux de feuillage, découvrant à chaque détour une nouvelle profondeur, toujours plus mystérieuse et plus verte. . . . La calèche s'enfonça dans une *traîne* de la vallée : Valentine la suivit au petit galop, et la nuit s'épaissit.          (George SAND, *Valentine*, t. I, c. 3 et 5.)

[4] Ces grains sont ainsi appelés parce qu'ils mûrissent au bout de trois mois environ.

*Tremois.* — (Voy. *Tramois.*)

*Trempé* ou *Trempée*, — pain trempé dans du vin.

*Tretous* [1], — tous en général, sans exception. (Voy. *Tertous.*)

*Treu*, — homme malpropre.

*Treue*, — truie. (Voy. *True.*)

*Treuiller*, — buvoter, boire en ivrogne.

*Trian*, — fourche recourbée, pour enlever le fumier.

*Triballe*, — morceau de cochon rôti.

*Tribou*, — grand vent, grand bruit, confusion.

*Tribouler*, — remuer, mélanger en agitant ; — *tribouler* les yeux, tourner les yeux de manière à en montrer le blanc.

*Trier*, — sevrer.

*Trigaut*, — tricheur.

*Triolet jaune*, — anthyllide vulnéraire (Bor., 445).

*Tripé*, — se dit d'un terrain sans consistance, qui se laisse aller à l'humidité, comme des tripes.

*Tripotaires (les)*, — domaine près de Menetou-Ratel (Cher).

*Trompe*, — tromperie. — *Trompe-gueux*, — localité auprès de Vierzon (Cher). — *Trompe-souris (moulin de)* [2], — il y a plusieurs moulins de ce nom dans le département du Cher, près de Graçay ; sur l'Arnon, près de Saint-Ambroise ; près de Léré.

*Trop bin* [3], — beaucoup. — *Trop (le)*, — près Chalais (Indre).

*Troquet*, — maïs cultivé (Bor., 1442).

*Trouffiau*, *Trufau* [4], — bûche de Noël.

*Troufignon*, — croupion de volaille.

*Trouillé*, — souillé, sale.

*Trousser (se) mal*, — se trouver mal, tomber en pamoison.

*Truan*, — puant.

*Truche, Truffe.* — (V. *Tartouffle.*)

*True.* — (Voy. *Treue.*)

*Tue-chien*, — colchique d'automne (Bor., 1272). (Voy. *Safran bâtard, Veillotte.*)

*Tuer* [5], — éteindre : *tuer* le feu, *tuer* la chandelle. — *Tuer le*

---

1 Or saichez compaings, que si tost
   Que fortune m'eust ainsi mys,
   Je perdis *trestous* mes amys.     (*Roman de la Rose.*)

   Buvons, amis, *beuvons tretous.*     (*Rabelais, Pantagruel.*)

2 Moulin où sans doute le blé n'abonde pas.

3 Pour *trop bien.*

4 Avant le réveillon, le maître asperge le *Trouffiau* d'eau bénite. C'est la plus grosse bûche du bûcher ; on la met au feu pendant la messe de minuit, lorsque sonne l'élévation. Ce qui en reste après le réveillon, se conserve comme préservatif contre l'incendie et le feu du ciel ; on le garde d'un Noël à l'autre.

5 On se cache, on *tue* la *chandelle* pour le faire, on le faict à la desrobée ; c'est gloire et pompe de le défaire.     (*Charron, de la sagesse.*)

   On doute pour quelle raison
   Les destins si hors de saison,
   De ce monde l'ont rappelé ;

ver, — boire un peu d'eau-de-vie ou de vin, le matin à jeun.

*Tui*, — étui.

*Turbé*, — colline.

*Turbis* [1], — cheval ou mulet fai-

sant partie d'une *touche* (Voy. ce mot).

*Ture*, *Tureau*, *Turlée*, — éminence, berge, talus.

*Turne*, — réduit, bouge, caverne, cave.

---

Mais leur prétexte le plus beau,

C'est que la terre était brûlée

S'ils n'eussent *tué* ce flambeau.         (MALHERBE.)

Mesnage disait que *tuer un flambeau, tuer une chandelle*, était de province.

[1] De *turba*, troupe.

# U

Urage. — (Voy. *Usage*.)

Urbet [1], — charançon des vignes.

Usage, — terrain communal. (Voy. *Urage*.)

Use, — usé.

---

[1] Nous avons à Bourges, au quartier d'Auron, une *Rue des Urbets*, ainsi nommée, dit-on, parce que la procession de la paroisse de Saint-Pierre-le-Gaillard y passait pour aller exorciser les *urbets* des vignes.

# V

*Vacarmerie*, — bruit, tapage, vacarme.

*Vaillas*, — marinier querelleur de la Loire.

*Vaillissance*, — valeur : cet objet est de la *vaillissance* de 20 francs; je n'ai pas la *vaillissance* d'un denier. (Voy. *Montance*.)

*Valant* (*aller à*), — aller en aval, descendre le courant de l'eau, à vau l'eau.

*Valissant*, — valant, ayant la valeur de...

*Valisser* (*se*), — s'estimer, se dit d'une personne qui a de l'amour-propre. (V. *Vaillissance*.)

*Vallaupieu*, — coureur, vaurien.

*Vampireux*, — vindicatif.

*Vané, Vaqué*, — exténué de besoin, fatigué.

*Varennes*, —terres sablonneuses.

*Vassive, Vassiveau* ¹, — jeune bête en âge de porter, agneau âgé de plus d'un an. (Voy. *Raguin*.)

*Vat-aux-vignes*, — vigneron

*Vau*, — val, vallon. Ce monosyllabe entre dans la composition de plusieurs noms de lieu : il y a un *Malvau* près d'Herry (Cher); un autre près de Chateaumeillant (Cher).

*Vauvire, Vauvise* ², —nom d'une petite rivière qui prend sa source près Villequiers, et se jette dans la Loire au-dessous de Sancerre.

*Veau* (*faire*), — véler.

*Veillette, Veillotte* ³. — (Voy. *Safran bâiard, Tue-Chien*.)

*Vende, Vendition* ⁴, — vente.

*Vendre vin*, — débiter du vin : il a mis le bouchon, il *vend vin*.

*Vène*, — flexible. (Voy. *Veule*.)

*Vengissieux*, — vindicatif.

*Venis* (*je*) ⁵, — je vins ; *venismes* (*je*), nous vinsmes.

---

1 Que les seigneurs dixmeurs de lainage, charuage, ne doivent lever le *dixme* de lainage sur les *vassiveaux* et *vassives*, c'est-à-dire sur les moutons et brebis d'un an.                    (J. CHENU, *Centurie*, quest. 7ᵉ.)

2 *Vau-vire* qui tourne dans les vallons.

3 Sa floraison donne le signal des veillées d'automne.

4 Notre mot *Perde* fournit un autre exemple de la substitution du *d* au *t*. (Voy. note à *Tauter*.) — Et où les dictz corratiers et vendeurs ou venderesses auroyent faict ès dictes *venditions* de meubles aucune fraulde ou tromperie, etc.  (*Coutume du Berry*.)

Par contract de *vendition* passé en Berry, sont vendus quelques arpens de terre assis en Bourbonnais.            (PAPON, *Actes notables*.)

5 Nous disions au prétérit de ces verbes *tenir* et *venir*, *tenit* et *venit*, lesquels on échangea depuis en *tiensit* et *viensit*; finalement nous en avons fait *tint* et *vint*, en ces mutations allant toujours en empirant, car il ne faut pas faire de doute

*Venra*[1], *Venrai, Venrons*, — viendra, viendrai, viendrons.

*Vent (il fait)*, — il fait du vent, il fait trop *vent*, il fait si *vent!* — *Vent* signifie aussi haleine : prendre *vent*, reprendre haleine, respirer.

*Ventér*, — vanner.

*Vérder*, — vagabonder.

*Verdiaux*[2], — différentes espèces de saules, d'osiers, plantées pour retenir les alluvions (Bon., 1200 et autres.) (Voy. *Gravelins*).

*Verdin*, — raisin de l'extrémité de la branche et qui ne mûrit pas.

*Verdon*, — corde mince, se dit de celles qui servent au halage.

*Vereau*, — ver blanc, larve de hanneton.

*Veri*, — moisi, terni (Voy. *Chandir*); — oxidé (se dit principalement du cuivre).

*Vernée*, — lieu planté de vernes (aulnes).

*Verpic*, — vipère, aspic.

*Verré*, — mûr, fait : bois *verré*.

*Verrine*, — verre de montre.

*Vert (temps), verte (année)*, — temps humide, année humide où il croît de l'herbe en abondance.

*Verteau*, — ver, larve, lombric.

*Vesprée*, — veillée, soirée.

*Véture*, — vêtement, habillement : les frais de *véture* des prisonniers, des enfants trouvés.

*Veugne*, — se dit du linge presque usé.

*Veugner*, — commettre une incongruité.

*Veule*, — maigre, élancé, étiolé. (Voy. *Fleutre, Vène*.)

*Vielleux*[3], — joueur de vielle. (Voy. *Violoneux*.)

*Vienra, etc.* — (Voy. *Venra*.)

*Vierge (épi de la)*. — (Voy. *Lait (épi de)*. — *Vierge (rose de)*. — (Voy. *Jeannettes blanches*.)

*Vieux, Vieille!*[4]—terme d'amitié.

*Vigane*, — barbe de chèvre, clématite des haies. (Bon., 1.)

*Vignier*, — garde-vigne.

*Vijon*, — réunion où l'on s'amuse, où l'on danse.

---

que *tent* et *venit* ne fussent, selon les règles de la grammaire, meilleurs et plus naturels.              (Pasquier.)

1 Jean, duc de Berry (1340), avait dans ses armes un ours et un cygne, et pour devise : *Oursine, le temps venra*.

2 Ce mot vient de *verd*, de *verd d'eau*, ou *vers l'eau* (*l'iave* en vieux français).

3 A un certain trille que la *vielle* exécute avant de commencer la bourrée, chaque danseur, selon un usage immémorial, doit embrasser sa danseuse . . . . Le père Lhéry, épouvanté de la colère qu'il lit dans les yeux de la comtesse, s'élance vers le *vielleux*, et le conjure de passer outre. Le musicien villageois n'écoute rien, triomphe au milieu des rires et des bravos, et s'obstine à ne reprendre l'air, qu'après la formalité de rigueur.      (G. Sand, *Valentine*, t. I, c. 4.)

4 Mais, bonsoir, *vieux*; il se fait tard . . . . . . te voilà donc, *mon vieux*.

             (Georg. Sand, *Lettres d'un voyageur*, V.)

*Vilain* [1], — le diable.

*Village*, — tout hameau composé de quelques maisons.

*Vinaigre (pisse-)*, — vinettier commun; épine-vinette.(Bon., 49.)

*Vindicace*, — vengeance.

*Vinette*.— (V. *Brebis (oseille de)*.

*Vinra, etc.* [2] — (Voy. *Venra*.)

*Violoneux*, — joueur de vielle ou de violon. (Voy. *Vielleux*.)

*Viorne*. — (Voy. *Cheveux de la Vierge*.)

*Viquant*, — vivant : il est toujours *viquant*. (Voy. *Instant*.)

*Viquer*, — manger : on *vique* bien chez lui.

*Virer*, — détourner, chasser [3] : *virer* les vaches, *virer* les mouches.

*Virgouenne* [4], — clématite, et autres plantes grimpantes.

*Viron (faire son)*, — faire sa tournée, voir si tout est à sa place.

*Vironner*, — tourner, aller autour, environner.

*Viter*, — mettre, chausser : *viter ses chausses*, mettre ses bas.

*Voi-le-cy, voi-les-cy*, — le voici, les voici.

*Voirra* [5], *Voirrai, Voirons*, — verra, verrai, verrons.

*Voirement*, — véritablement, même; — *voirement que*, d'autant plus que.

*Volage*, — vif, emporté; se dit des bestiaux difficiles à mener.

*Volant*,—faucille à long manche.

*Vosce*, — vesce cultivée (Bon., 512).

*Vricle*. — (Voy. *Bonnet carré*.)

---

1 Dans les exorcismes on dit au revenant : si tu viens de la part du bon Dieu, reste; si tu viens de la part du *vilain*, va-t'en !

2 Quand près ton ostel tu *vinras*,
     Ta robe et ton cheval *lairas*.     (Legallois d'Aubepierre.)

3 Voy. note à *Gariau*.

4 De *virgultum*, d'où on a fait par contraction *viorne*.

5 Jeune beauté, mais trop outrecuidée
     Des présens de Vénus,
    Quand tu *voirras* ta peau toute ridée
     Et tes cheveux chenus.     (Ronsard.)

    Tout aussitôt que ta face dépeinte
     Par le temps tu *voirras*.     (*Id.*)

Que *voirrez* vous la haut que ronces et qu'orties ?
Ici vous ne *voirrez* que fleurettes sorties
Du sein du renouveau.     (Ronsard.)

# Y

*Yape.* — (Voyez *Jagouasse.*)

*Yapi* [1], — vigneron de Bourges.

*Yé!* — vois, regarde; excla-mation indiquant la sur-prise.

*Yèble, Yolles.* — (Voy. *Gèble.*)

---

[1] *Yapi* semble venir de *Yape*, qui est une plante à suc jaune très-abondant; et de même qu'on appelle *Cul-jaune* (Voy. ce mot), les ouvriers des minerais de fer du Berry, *Yapi* indiquerait peut-être la couleur ocreuse des terres que cultivent les vignerons.

# Z

**Zéros** (*les*), — localité près de Saint-Amand ; — autre près de Neuilly-en-Dun (Cher).

**Zigler,** — jaillir avec force et par un jet menu, par exemple d'une seringue.

**Zigue,** — cheval ou jument de peu de prix ; se dit aussi d'un cheval qui marche l'amble, ou le pas relevé.

**Zizon,** — embarrassé, qui ne sait rien faire de bien.

**Zizonner,** — bousiller.

# SUPPLÉMENT ET CORRECTIONS (1).

*Après*, — à, le long de : monter *après* un mur.

*Boule (un)*, — bouleau (Bor., 1193).

*Brebiaille*, — les bêtes à laine.

*Contenter*, — compenser, égaliser.

*Coup*, — fois : il a appelé deux ou trois *coups*.

*Courater*, — courir, vagabonder.

*Couratier*, — coureur, vagabond.

*Courtet*, — nom donné aux bœufs d'une stature ramassée.

*Croix*. — (Voy. *Queroude*, et non pas *Gueroude*, comme il a été mis à la *page* 33.)

*Croix Morte-joie* et *Moult-joie* 2, — à la montée d'Auron, route de Bourges à Issoudun.

*Dedans (au)*, — dedans ; il se dit principalement de la pri-son : mettre un homme *au-dedans*.

*Derliner*. — (Dans la note, au lieu de : « ce mot est *derlin derlin* comme.....», *lisez* : « ce mot est, comme *derlin derlin*, une onomatopée, etc. » )

*Désannué*, — se dit d'une propriété qui ne produit plus rien depuis plusieurs années, faute de soins et d'entretien.

*Devant (à mon, à ton, à son)*, — au-devant de moi, de toi, de lui.

*Entre-bout*, — (Voy. *Contre-bout*.)

*Esbigner*, — bousculer ; — *S'es-bigner* 3, — s'évader.

*Fient*, — fiente, fumier. (Voy. *Tire-fient*.)

*Gonfle*. — (Ce qui est dit après

---

1 Puisse le lecteur dire de notre ouvrage avec Horace (*Art. poet.*, v. 351) :

.... *Ubi plura nitent*, . . . *non ego paucis*

*Offendar maculis.*

2 Ces deux noms indiquent qu'il s'est passé dans ce lieu un évènement qui a été un sujet d'affliction pour les uns et de grande joie pour les autres : en effet, lors des guerres entre Philippe Auguste et Henri II d'Angleterre, un parti d'Anglais qui occupait Issoudun, s'étant avancé jusqu'aux portes de Bourges, fut défait à la *Croix-Morte-Joie*. Le roi de France reconquit sur eux Issoudun et Déols, aujourd'hui le Bourg-Dieu, situé auprès du château de Raoul, aujourd'hui Châteauroux.

3    Et l'amant qui s'sent morveux

*S'esbigne* en disant : si j'tarde,

Si j'm'amuse à la moutarde,

Nous la gobons tous les deux.

(Désaugiers, *Parod. de la Vestale*, act. II, 7' couplet.)

*gonflé*, jusqu'à la fin de l'article, devrait être mis en note.)

*Graver*, — gravir, grimper, monter : *graver* après un arbre.

*Gros (entendre)*, — être dur d'oreille, sourd.

*Grossier*, — gros, épais ; on dit d'un homme qui a engraissé, qu'il est devenu bien *grossier*.

*Indifférent*, — de mauvaise qualité ; ce terrain n'est pas trop *indifférent*.

*Jeune*, — étroit, court, juste : ce fossé a un mètre de largeur bien *jeune*.

*Lure*, — liure, chaîne de charrette.

*Magner*, — (ajoutez le sens de : fatiguer).

*Monte*, — pousse : la *monte* des blés.

*Mottat*, — îlot, attérissement arrondi.

*Mouches* [1], — mouches à miel, abeilles ; — vésicatoire fait ordinairement avec des mouches cantharides.

*Pain-cher (le)* [2], — terre près Marzy (Nièvre).

*Patais*, — lourdeau, sans énergie. (Voy. *Toby, Toto*.)

*Pâtour* [3], — petit pâtre.

*Piéton*, — espèce de fumeron ou charbon imparfait, formant le pied des meules de bois en carbonisation.

*Piler*, — tasser.

*Prix (au)*, — à mesure : il me tendait les gerbes et je les rangeais *au prix* [4].

*Ranger*, — se réfugier, se serrer : les bestiaux se sont *rangés* à l'abri d'un arbre pendant l'orage.

*Rassoté*, — devenu tout sot, hébété.

*Rivet*, — bordure d'un toit le long d'une pointe de pignon.

*Rondin*, — nom donné aux bœufs dont la panse est bien arrondie.

*Servable*, — qui sert, utile : cet instrument est bien *servable*.

*Sorne*, — scorie des foyers d'affinerie de forge au bois.

*Teiller*, — employé dans la phrase : *teiller son séron*. (Voy. *Séron*.) — Effiler sa corde, c'est-à-dire au figuré, mourir [5].

*Tire-fient*, — crochet à tirer le fumier. (Voy. *Fient*.)

---

[1] Par une sorte d'antonomase qui fait appliquer le nom générique à l'espèce la plus utile.

[2] Terre ainsi nommée sans doute parce que la culture en est dispendieuse.

[3] Pour *pastour, pastoureau*. — Depuis la noble châtelaine jusqu'au petit *pâtour* (c'est le nom du pays), qui nourrit sa chèvre et son mouton aux dépens des haies seigneuriales..... (G. SAND, *Valentine*, t. I, ch. 1.)

[4] Cet article aurait dû être placé p. 88, avant *Au prix de*.

[5] User le fil de la vie. Cette figure a quelque analogie avec l'expression mythologique du fil des Parques.

# TABLE ALPHABÉTIQUE

lieu du XVII<sup>e</sup> siècle, mort en 1712 dans la même ville , *p.* 15, 70.

THIBAULT, Comte de Champagne, né en 1205, *p.* 25, 41.

THIBAULT de Marly, *p.* 15.

TROUVÉ (le Baron,) *p.* ij, iij.

VAUGELAS , *p.* 1<sup>re</sup>.

VAUQUELIN DE LA FRESNAYE. — (Voy. *Fresnaye* (*Vauquelin de la*).

VERDIER (Antoine du). — (Voy. *Duverdier.*)

VERVILLE (Beroald de), né en 1558, mort vers 1612, *p.* 29, 97.

VIDAME de Chartres (Mathieu), vivait encore en 1291 ; il nous reste de lui huit chansons, *p.* 99.

VILLON, né à Paris en 1431, *p.* 14, 16, 69, 72, 84, 100.

𝕬 𝖇𝖆𝖎𝖑𝖑𝖆𝖓𝖘 ⊕ 𝖗𝖎𝖊𝖓𝖘 𝖎𝖓.𝖕𝖔𝖘𝖘𝖎𝖇𝖑𝖊.

(*Armes parlantes de Jacques Cœur.*)

BAR-SUR-SEINE. — IMP. DE SAILLARD.

4

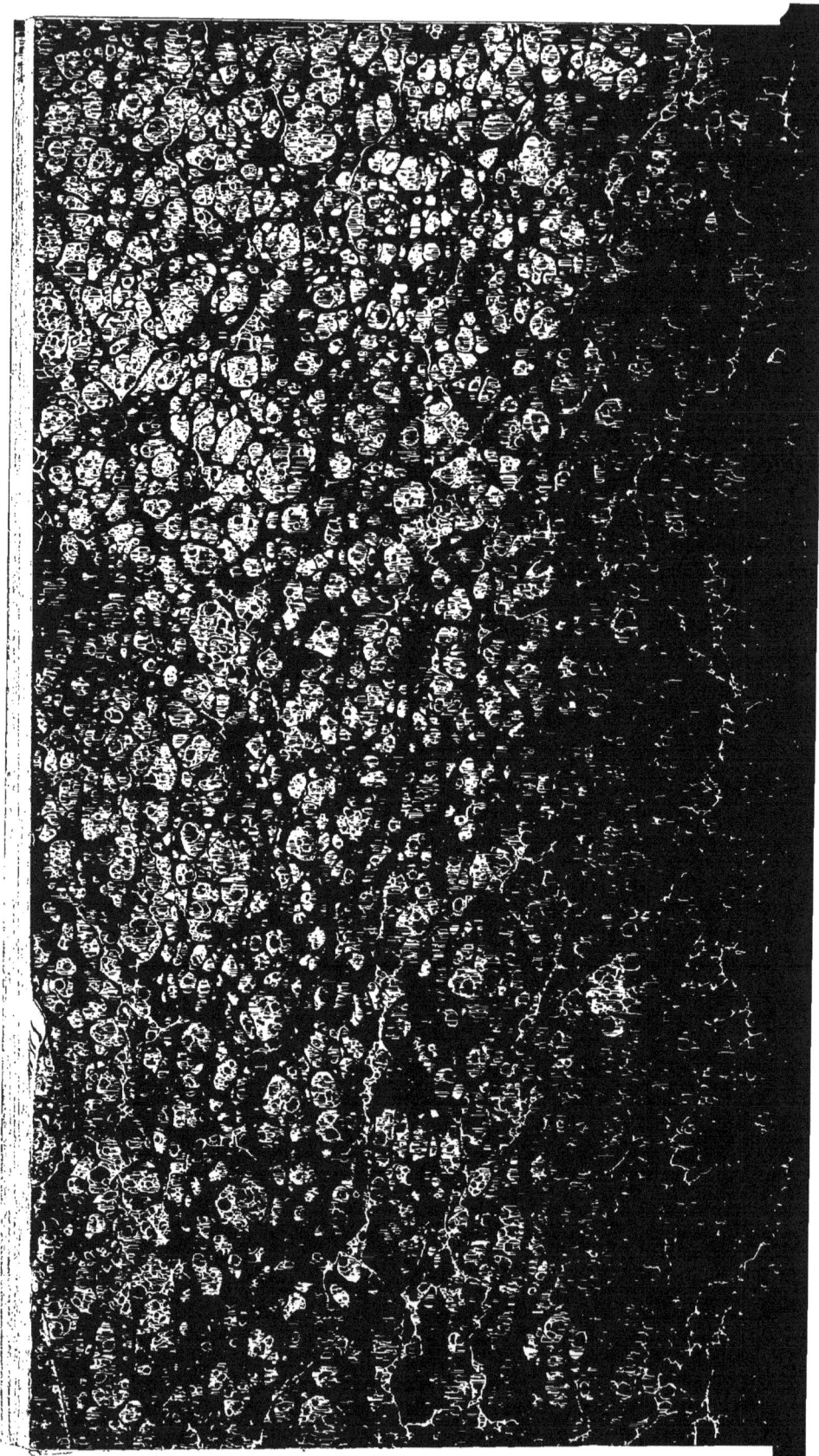

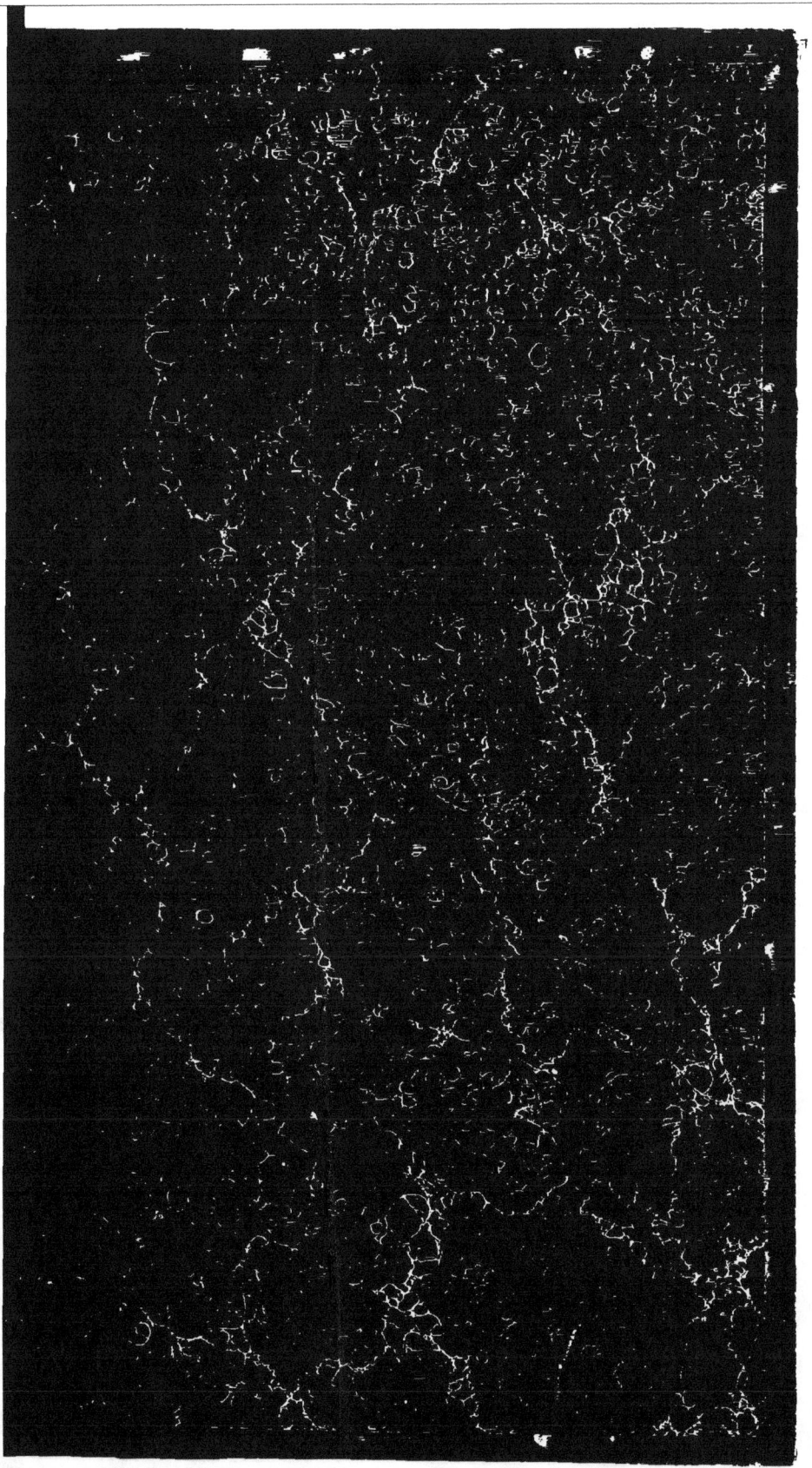

www.ingramcontent.com/pod-product-compliance
Lightning Source LLC
Chambersburg PA
CBHW050019100426
42739CB00011B/2711